KB234939

바다의 달을 줍다

명대여성작가총서

발간에 부쳐…

2008년 9월 설립된 이화여자대학교 중국문화연구소는 기존 어문학 중심의 연구에서 벗어나, 세부적인 학문 영역에 국한되지 않는 포괄적이고 심도 있는 전문 중국학 연구의 구심점이 되기 위해 노력하고 있습니다. 폭넓은 시야와 안목을 가진 전문 인력을 확보하고 다양한 정보를 공유함으로써 새로운 방법론을 창안할 연구 공간으로의 역할을 모색하고 있습니다. 특히 지역학 및 지역문화 연구, 여성문학 연구, 학제 간 연구를 중심으로 한 차별화된 전략을 통해 학문적 국제경쟁력을 강화하고 있습니다. 또한 급변하는 동아시아 및 국제사회에 적극적으로 대처하기 위해 실용성을 추구하면서 한중양국의 문화 창달에 기여하고 있습니다.

2009년 7월부터 본 연구소 산하 '중국 여성 문화·문학 연구실'에서는 '명대 여성작가 작품 집성—해제, 주석 및 DB 구축'이라는 프로젝트를 수행하게 되었습니다(한국연구재단 2009년 기초연구과제 지원사업, KRF—2009—322—A00093).

곧 명대 여성문학 전 작품을 대상으로 자료를 수집하여 주석, 해제하고 이에 대한 데이터베이스 구축을 위해 방대한 분량의 원문을 입력하는 작업으로, 이미 상당 부분 진행되었습니다. 정리 작업을 진행하면서 중요 작가를 중심으로 작품의 성취가 높은 것을 선별해 일반 독자에게 알리기 위해 연구총서의 일환으로 이를 번역, 출판하게 되었습니다.

이와 같은 연구 성과는 한국·중국 고전문학 내지는 여성문학 연구의 중요한 토대를 마련할 뿐 아니라, 동서양의 수많은 여성문학 연구가들에게 편의를 제공하게 될 것입니다.

이화여자대학교 중국문화연구소
소장 이 종 진

이화여자대학교 중국문화연구소는 한국연구재단의 지원 하에 「명대(明代) 여성작가(女性作家) 작품 집성(集成)—해제, 주석 및 DB 구축」이라는 과제를 수행하고 있습니다.

2009년 7월부터 시작된 본 과제는 명대 여성들이 지은 시(詩), 사(詞), 산곡(散曲), 산문(散文), 희곡(戲曲), 탄사(彈詞) 등의 원문을 수집 정리하여 DB로 구축하고 주석 해제하는 사업으로 3년에 걸쳐 진행됩니다. 연구원들은 각자의 전공에 따라 자료를 수집 정리해 장르별로 종합한 뒤 작품을 강독하면서 주석하고 해제하고 있습니다. 이런 과정에서 우수 작가와 작품을 선별하여 출간하는 것이 본 사업의 의의를 확대할 수 있다고 판단되어 연차별로 4~5권씩 번역 출간하는 계획을 수립하였습니다.

본 과제를 수행하는 데는 적지 않은 어려움이 따랐습니다. 첫째는 원 자료 수집의 어려움이었습니다. 북경, 상해, 남경의 도서관을 찾아 다니면서 대여조차 힘든 귀중본을 베끼고, 복사하거나 촬영하는 수고로움을 마다하지 않았습니다.

둘째는 작품 주해와 번역의 어려움이었습니다. 전통시기의 여성 작가이기에 생애와 경력이 거의 알려지지 않은 경우가 대부분이어서 작품 배경을 살피기가 용이하지 않았습니다. 따라서 주해나 작품 해석에서 부딪치는 문제가 적지 않아 이를 해결하는 데 많은 수고가 따랐습니다.

셋째는 작가와 작품 선별의 어려움이었습니다. 명청대 여성 작가에 대한 자료의 수집, 정리는 중국에서도 이제 막 시작된 분야이기 때문에 연구의 축적 자체가 적은 편입니다. 게다가 중국 학계에서는 그나마 발굴된 여성 작가 가운데 명대(明代)에 대한 우국충정(憂國衷情)이 강한 작가를 높이 평가하고 있습니다. 그러나 작품의 가치를 평가할 때 우국충정만이 잣대가 될 수는 없을 것입니다. 연구원들은 기존 연구가 전무하거나 편협한 상황 하에서 수집된 자료 가운데 더욱 의미 있는 작품을 고르기 위해 작품을 다각적으로 분석하고 여러 번 통독하는 수고를 감내했습니다.

우리 5명의 연구원과 박사급 연구원은 본 과제를 수행하기 위해 끝이 보이지 않는 수고를 감내하였습니다. 매주 과도하게 할당된 과제를 성실히 수행했을 뿐만 아니라 출간 계획이 세워진 다음에는 매주 두세 차례 만나 번역과 해제를 면밀히 검토하였습니다. 출간에 즈음하여 필사본의 이체자(異體字) 및 오자(誤字) 문제의 자문에 응해주신 중국운문학회회장(中國韻文學會會長), 남경사대(南京師大) 종진진(鐘振振)교수에게 감사드리며 아울러 매번 어려움에 봉착할 때마다 번역에 의견을 제시해 주신 최일의, 강성위 두 선생에게 심심한 감사를 전합니다. 본 작품집의 출간을 통해 이제껏 학계에서 간과되어 온 명대 여성작가와 작품들이 널리 알려져 명대문학이 새롭게 조명됨은 물론 명대 여성문학에 대한 평가가 새로워지길 바랍니다. 아울러 한중여성문학의 비교연구가 활발하게 시작되는 계기가 마련되길 기대합니다.

끝으로 본 기획의 가치를 높이 평가하고 쉽지 않은 출간에 선뜻 응해 준 '도서출판 사람들'에 깊은 감사를 표합니다.

2013년 10월

이화여자대학교 중국문화연구소
소장 이 종 진

  남성이 주류가 되는 전통 사회에서 여성의 재능은 불필요하거나 위험한 것으로 간주되었다. 여성은 사랑받는 존재이지만 결코 남성과 동등한 인격을 가질 수는 없었다. 재주가 없는 것이 미덕이라는 '무재시덕(無才是德)'이나 향과 옥처럼 여성을 사랑하고 소중히 여긴다는 '연향석옥(憐香惜玉)'과 같은 말에는 여성들에게 가해진 차별과 그 안에서 소리 없이 숨죽여 살면서 느꼈을 회한 같은 것이 떠올려진다.

  그러나 명말 청초에 이르면서 여성에 대한 인식은 획기적인 전환을 맞게 된다. 강남을 중심으로 출판업이 번성하였고 지식층을 중심으로 많은 여성들이 교육을 받게 되었다. 전통적으로 여성은 미모와 덕성이 중시되었지만, 이제 여성들을 평가하는데 있어서 글을 읽고 쓸 수 있는 재능 또한 빠뜨릴 수 없는 중요한 요소가 되었다. 비로소 여성이 재능으로 평가되기 시작한 것이다. 당시 소설과 희곡에서는 남편 못지않은 재주를 지닌 여성이 등장하면서 남편과 지적인 대화를 나누는 모습이 빈번하게 출현했다. 이는 당연히 당시 사람들의 소망을 반영한 것이며 실제 현실에서도 서로 이야기 상대가 될 수 있는 동반자적 관계의 결혼이 나타나게 되었다. 이 책의 주인공, 명대 여성시인 서원(徐媛, 1560-1619)은 이러한 당시 분위기를 대표할 수 있는 인물이다.

  서원은 소주(蘇州)사람으로 태복(太僕) 서태시(徐泰時)의 딸이며, 범윤림(范允臨)의 아내이다. 저서로 『낙위음(絡緯吟)』 12권을 남겼는데 그 가운데 487수의 시가 전한다. 남편 범윤림은 북송의 정치가이자 저명한 문인 범중엄(范仲淹, 989-1052)의 17세손이다. 만력(萬曆) 23년(1595)에 진사가 되어 남경병부주사(南京兵部主事)와 공부원외랑(工部員外郞) 등을 역임했고, 얼마 뒤에 운남추학첨사(雲南推學僉使)가 되었다. 후에 버슬을 그만두고 고향으로 돌아와 소주의 천평산(天平山)에 집을 짓고 온가족이 옮겨와 살았다. 서화에 뛰어나 명대의 저명한 서화가였던 동기창(董其昌, 1555—1636)과 이름을 나란히 했으며, 당시 범윤림과 서원 부부가 살았던 천평산장(天平山莊)은 문화계의 중요한 모임장소가 되었다. 현재 소주 교외에 있는 천평산장은 국가공원으로 보존되고 있다.

이러한 배경에서 서원의 학식과 문학 창작 능력은 남편과의 관계에 있어서 일상생활은 물론 관리로서 공무를 수행할 때에도 도움을 줄 수 있는 중요한 역할을 했던 것으로 보인다. 서원은 남편 범윤림이 관직을 옮길 때마다 따라다녔고, 멀리 임지인 운남까지 남편과 함께 가서 생활하기도 하였다. 부인은 생활의 중심이 바뀐 남편을 내조하여 집안의 대소사를 처리했을 뿐더러, 낯선 곳에서 처음 만나게 되는 사람들과 교류하는 데 있어서도 적절한 역할을 했던 것으로 보인다. 『낙위음』을 통해 우리는 그녀가 정든 곳을 떠나거나 새로운 곳으로 이동할 때 한 집안의 안주인으로서 남편이 마음을 가다듬고 새로운 곳에 적응할 수 있도록 돕는 역할을 수행했음을 알 수 있다.

본 시집은 서원의 시 총 487수 가운데 칠언절구(七言絶句) 285수를 완역한 것이다. 서원의 시 전체에 대한 완역은 아니지만 부분적이나마 칠언절구에 대한 완역을 통하여 독자들에게 보다 원 모습 그대로의 명대 여성시집의 실상을 보여줄 수 있으리라 기대한다. 칠언절구를 선택하여 번역한 것은 이러한 작품이 서원의 전체 시 가운데 절반 이상으로, 여러 시 가운데에서도 가장 많은 수를 차지하고 있으며 서원의 개성이 잘 드러나 있기 때문이다. 또한 작품을 통해 그녀의 이동 경로를 비교적 잘 추출할 수 있어 보다 생생하게 시인의 모습을 전달할 수 있을 것으로 생각된다. 285수의 시를 한 권에 담기에는 분량이 많아서 본 역주에서는 이를 1, 2권으로 나누어 두 권에 담았다. 나누는 기점은 시인의 인생에서 중요한 전환점이 되는 '운남행'을 기준으로 하였다. 이에 제 1권에서는 제1수 〈초계로 가며 읊어 2수(行苕溪即事二首)〉에서부터 제144수 〈명비사 2수(明妃詞二首)〉까지를, 제 2권에서는 제145수 〈금릉에서 숙모를 이별하며 3수(金陵留別叔母三首)〉에서 마지막 제285수 〈반첩여(班婕妤)〉까지 담았다.

서원 시집은 역자들이 3년간 참여하였던 한국연구재단의 연구과제 〈明代 女性作家 작품 집성 - 해제, 주석 및 DB 구축〉의 일환으로 기획되었으며, 동일 과제의 기획물로서 이 시집에 앞서 내놓은 성과물인

『이인시선(李因詩選)』, 『산문선(散文選)』, 『심의수시선(沈宜修詩選)』에 이어 네 번째 책이 된다. 명대 여성 문인은 물론 명대 전반에 대해서도 별반 아는 것이 없는 상태에서 출발한 연구원들은 시간이 지날수록 명대 사회와 여성 문인 속으로 깊이 빠져들게 되었다. 처음에는 모르던 분야를 새롭게 알아가는 즐거움이 더욱 컸다면, 이제는 일견 산뜻하게만 보이는 작품의 내면에 깔린 그녀들의 복잡한 심리를 이해하게 되면서 명말 여성의 목소리를 통해서 사회와 성별, 전통과 현대에 대해서도 되돌아보게 되었다.

역자들을 포함하여 본 연구과제에 참여하였던 연구원들은 오랫동안 각자 서로 자신의 길을 걷느라 학문적으로 그다지 소통할 기회가 없었다. 그러나 시(詩), 사(詞), 산문(散文), 희곡(戲曲) 등 다양한 장르에서 모두 여성문학이라는 공통의 주제를 중심으로 수천 편의 작품을 읽고 정리하면서 연구원들 사이에도 공감의 장(場)이 형성되었던 것 같다. 하나하나 작품을 해독해 나가던 3년이라는 힘겨운 시간을 통해 우리들은 서로의 연구 분야를 좀 더 잘 이해할 수 있었고 교류와 소통으로 연구의 지평을 넓힐 수 있는 소중한 계기가 되었다. 지금은 이미 예정된 연구기간이 끝나고 그 간의 연구 성과를 책으로 만드는 작업만 하고 있지만 돌이켜보면 지난 3년은 아름다운 시간이었다. 이렇게 책이 나올 수 있도록 물심양면으로 지도해주신 청음(淸音) 이종진 선생님을 비롯하여 함께 동고동락하였던 김지선, 강경희, 김수희, 정민경, 이은정 연구원께 깊은 감사를 드린다. 그리고 수정 작업이 길어지면서 해석이 난관에 부딪혔을 때 뜻밖의 도움을 주신 서성 선생님께 이 자리를 빌려 감사드린다. 또한 어려운 상황에도 불구하고 출판을 맡아주신 '도서출판 사람들'의 편집진 여러분께도 깊은 감사를 드린다. 끝으로 언제나 지지를 아끼지 않는 가족에게도 미안함과 고마움을 표한다.

2013. 10. 14.
역자 김의정, 최일의 씀

차 례

陵留別叔母三首 其一 금릉에서

■ 발간에 부쳐
■ 출간 서
■ 역자서문

....

일러두기

본 시집은 사고미수서집간(四庫未收書輯刊) 판본을 사용하였다. 다만 〈채련곡십이수(採蓮曲十二首)〉의
제 12수가 빠져 있어 이 부분에서만 만력 43년 간행본(萬曆四十三年刻本)을 따랐다.

(明)徐媛, 『絡緯吟』, 四庫未收書輯刊. 第16冊, 四庫未收書輯刊編纂委員會編, 北京出版社, 1997.
(明)徐媛, 『范夫人詩集』 明, 萬曆四十三年刻本

명대여성작가총서❹ 서원시선 1

바다의 달을 줍다

行苕溪[1]卽事二首 其一

湖心一望淼蒼蒼, 古岸風淸掃綠楊.
野渚新鳧依渡沒, 溶溶[2]春水半侵塘.

초계로 가며 읊어 2수, 제1수

호수 복판을 바라보니 한없이 아득한데
황량한 기슭 맑은 바람에 푸른 버들 휘날리네
들판 물가에 새끼 오리는 나루를 따라 자맥질하는데
찰랑이는 봄 물결이 못의 둑에 반이나 차올랐네

---

1) 苕溪(초계) : 절강성 북부를 흐르는 하천. 주변에 갈대가 많아 가을에 갈대꽃이 눈
   처럼 떨어져내려 아름답다. 초(苕)라는 이름은 이곳 주민들이 갈대를 부르는 말이
   다. 동초계와 서초계의 두 지류는 태호(太湖)로 흘러든다.
2) 溶溶(용용) : 광활한 모양. 물이 완만하게 흐르는 모양.

行苕溪卽事二首 其二

夜波微動水痕香, 漁火3)初然網夕張.
何處歌聲弄明月, 霏霏4)玉露滿河梁5).

초계로 가며 읊어 2수, 제2수

밤 파도 잔잔하고 물무늬 향기로운데
고기잡이 불 막 피우고 저녁 그물을 펼친다
어디서 들려오는 노랫소리 밝은 달을 희롱하나?
이슬 흠뻑 내려 다리 위에 가득하네

【해제】 초계를 지나며 읊은 것으로 연작시 2수로 되어있다. 제 1수는 초계로
가면서 봄이 온 강물의 경치를 묘사하고 있다. 1, 2구는 원경(遠景)을 3, 4구는
눈앞 초계의 근경(近景)을 노래했다. 나루를 따라 자맥질하는 오리의 모습이 정
겹게 느껴진다. 또한 반쯤 차오른 봄 물결에서 약동하는 봄의 정취를 느낄 수
있다. 제 2수는 고기잡이 불, 노래, 달, 이슬 등으로 배가 머문 주위의 풍경을
묘사했다.

---

3) 漁火(어화) : 고기잡이를 하기 위해 켠 등불이나 횃불.
4) 霏霏(비비) : 비나 눈이 분분히 날리는 모양. 연기나 안개가 자욱한 모양.
5) 河梁(하량) : 다리. 한나라 이릉(李陵)의 시라 전해지는 <소무에게(與蘇武詩)>에서
   유래하여 이별의 장소를 의미한다.

寄懷丁氏妹

故人相望限江干6), 落木蕭蕭暮雨寒.
絲鬢暗傷愁裡換, 支離7)羞向鏡中看.

정씨 누이에게 회포를 적어 보내며

옛 친구 강물을 사이에 두고 그리워하는데
떨어지는 낙엽 쓸쓸하고 저녁 비 차갑다
귀밑머리 수심 속에 희어지는 것 남몰래 가슴아파하며
초췌한 모습을 부끄러이 거울 향해 비춰본다

【해제】 이 시는 정씨 누이라고 불리는 지인을 그리워하며 그녀에게 보낸 시이다.
시인의 본래 목적은 정씨 누이에 대한 그리움을 써 보내는 것이었는데, 상념에
빠진 시인은 도리어 거울을 통해 자신의 늙은 모습을 발견하고 있다.

6) 江干(강간) : 강기슭.
7) 支離(지리) : 분열되다. 어지럽다. 여기서는 '초췌하다'는 뜻으로 쓰였다.

春游

綠澹紅稠日正妍, 桃花渡口沒魚船.
一群嬌鳥銜春色, 萬戶氤氳8)起夕烟.

봄나들이

녹색 연하고 홍색 짙어 날이 한창 아름다운데
나루터에 만발한 복사꽃에 어선이 감춰져있네
한 무리 어여쁜 새는 봄빛을 머금고
수많은 인가에 저녁연기 피어오르네

【해제 】물산이 풍부하고 풍경이 아름다운 강남의 모습이 잘 표현되었다. 시인은
눈에 들어오는 봄의 모습을 최대한 풍성하게 그려내고 있다. 녹색과 홍색의 조화
는 물론, 만발한 복사꽃 때문에 어선은 보이지도 않을 지경이다. 제 3구에서는
새들조차 봄기운을 만끽하는 상황을 그려냈으며, 제 4구는 시선을 더 멀리 두고
집집마다 평화로운 봄을 즐기는 모습을 그렸다. 당시 대 장원의 안주인이었던
신분에 걸맞게 시의 화면은 소소한 눈앞의 사물을 벗어나 넓은 공간을 아우르고
있다.

8) 氤氳(인온) : 연기나 안개가 자욱한 모양.

贈姑母

玉繩[9]金漢[10]影橫斜，何處悲歌咽暮笳．
惆悵孤鸞[11]影分散，簫聲空遶碧桃[12]花．

고모에게 드려

은하수에 북두칠성이 가로 비꼈는데
어디서 들려오는 슬픈 노래에 저녁 피리 소리 흐느끼나?
슬프게도 외로운 난새 되어 그림자 흩어지니
퉁소 소리 부질없이 벽도화 주위에 맴돈다

【해제】 과부가 된 고모를 위로하며 쓴 시로 보인다. 슬픈 음악소리와 외로운 난새를 통해 외로운 신세를 표현했다.

---

9) 玉繩(옥승) : 별 이름으로 옥형(玉衡, 북두칠성의 다섯째 별)의 북쪽에 있는 두 별. 여기서는 북두칠성의 뜻으로 쓰였다.
10) 金漢(금한) : 은하수.
11) 孤鸞(고란): 외로운 난새. 짝 잃은 난새를 말함. 고란과학(孤鸞寡鶴)과 같은 뜻으로 남편이나 아내를 잃은 것을 말한다.
12) 碧桃(벽도) : 관상용의 복숭아나무로 짙은 분홍색 꽃이 핀다.

舟泊虎丘[13]二首 其一

虎溪烟柳夕陽收, 碧樹銀塘[14]隱畵樓.
一片香雲穿玉寺[15], 半林明月影湖頭.

호구에 배를 정박하고 2수, 제1수

호계의 안개 낀 버드나무에 석양이 드리우고
푸른 나무, 은빛 연못에 화려한 누각이 숨어있네
한 조각 향기로운 구름이 호구사를 지나가고
밝은 달빛 어린 숲이 호숫가에 비치네

13) 虎丘(호구) : 강소성 소주시 서북에 있는 산 이름으로 해용산(海涌山)이라고도 한다. 춘추시대 오왕 합려(闔閭)를 이곳에 장사지낸 사흘 뒤에 백호가 그 위에 서리어 '호구'라 했다고 한다. 전해지는 바에 따르면 합려의 무덤을 만들 때 관 속에 검 3,000개를 함께 묻었다고 한다. 이 검들 중에는 훗날 명검으로 전해지는 검들이 포함되어 있었다. 혼란했던 춘추전국시대를 통일한 진시황은 이 검들을 차지하기 위해 자신이 직접 보는 앞에서 발굴을 시작했다. 그런데 갑자기 호랑이 한 마리가 뛰쳐나왔고, 결국 이 사건을 계기로 발굴이 중단되었다고 한다. 지금은 이곳에 물이 들어차서 연못이 되었고, 사람들은 이 연못을 검지(劍池)라고 부른다. 40m 높이의 언덕 정상에는 호구탑이 있는데, 높이가 47.5m이며 수나라 때 지어진 것이다. 소주에서 가장 쉽게 눈에 띄는 건축물로 몇 차례의 보수공사에도 불구하고 북서쪽으로 약간 기울어져 있다.
14) 銀塘(은당) : 맑은 연못.
15) 玉寺(옥사) : 옥처럼 아름다운 절. 여기서는 호구사(虎丘寺)를 지칭.

舟泊虎丘二首 其二

玲瓏寶塔16)望中浮, 翠殿17)嵯峨接古丘.
玉笛暗傳楊柳曲18). 金英19)搖落荻花20)洲.

호구에 배를 정박하고 2수, 제2수

영롱한 호구탑 바라보니 허공에 떠 있고
화려한 전각은 우뚝 솟아 옛 언덕에 이어져있네
옥피리 소리 은은하게 〈절양류〉 곡조를 전해오는데
노란 꽃 흩날려 갈대 피어난 모래섬에 떨어지네

호구탑의 모습. 2011. 7월 역자 촬영

16) 寶塔(보탑) : 호구탑(虎丘塔)을 지칭.
17) 翠殿(취전) : 푸른 기와의 전각. 호구에 있었던 운암사(雲巖寺)의 여러 전각을 지칭.
18) 楊柳曲(양류곡) : <절양류(折楊柳)>. 악부 <횡취곡(橫吹曲)>의 곡명으로 상춘과 석
    별을 읊은 내용이 많다.
19) 金英(금영) : 황금색의 꽃이나 노랗게 물든 단풍.
20) 荻花(적화) : 갈대꽃.

【해제】 배를 타고 소주의 유적지 호구를 돌아보며 그 풍경과 감회를 노래한 것으로 연작시 2수로 되어있다. 호구는 소주의 유적으로 춘추시대 오왕(吳王) 합려(闔閭)를 장사지낸 곳으로, 명대에 이미 이름난 관광지가 되어 인파가 끊이지 않았다. 제 1수는 호구 주변의 물과 호구사의 정경을 노래했다. 전반부는 화려한 가운데 아련한 느낌을 표현했고, 후반부는 무심한 듯 느껴지는 구름과 달그림자를 통해 은연중에 역사의 무상감을 드러내었다. 제 2수는 호구탑과 주변을 감도는 〈절양류〉 곡조를 주요 이미지로 포착하였다. 우뚝 솟은 호구탑의 위용은 옛날과 변함없지만, 주변을 흐르는 절양류 곡조는 애달픈 느낌을 더해주고 있다.

虎丘懷古二首 其一

石梁21)飛澗水滄茫22), 伏虎巖23)前草色黃.
苔印尙留殘鳥蹟, 空餘踈柳泣斜陽.

호구에서 옛날을 생각하며 2수, 제1수

돌다리 아래 급류는 아득히 흘러가고
백호가 웅크렸던 바위 앞에 풀빛은 누렇다
이끼에는 아직도 새 발자국이 남아있고
부질없이 성근 버들만 남아 석양에 흐느끼네

---

21) 石梁(석량) : 해용교(海涌橋)를 말함. 호구산의 산문(山門)을 들어가면 환산하(環山河) 위에 놓여 있는 돌다리이다.
22) 滄茫(창망) : 끝이 없는 모양.
23) 伏虎巖(복호암) : 호구의 백호가 웅크렸던 바위.

虎丘懷古二首 其二

館娃宮 24)裡舞霓裳 25), 姑蔑 26)旌旂蔽日光 27).
西子 28)漫噸溪畔月, 秋風一夜捲吳霜.

호구에서 옛날을 생각하며 2수, 제2수

관왜궁 안에서 〈예상우의무〉를 추니
고말 군대의 깃발이 햇빛을 가렸지
달 비치는 계곡, 서시는 하염없이 얼굴을 찡그리더니
가을바람 밤새 불어 오나라에 서리가 휘몰아쳤지

【해제】 호구를 유람하며 옛일을 회고한 시이다. 제 1수에서는 급류와 복호암 앞의 풀빛, 새 발자국과, 성근 버들 등 경물을 통하여 역사의 무상한 감개를 말하였다. 제 2수에서는 월나라의 미인 서시가 오나라에 바쳐져 미인계로 오나라를 패망시켰던 역사를 회고하였다.

24) 館娃宮(관왜궁) : 궁궐 이름. 춘추시대 오왕 부차(夫差)가 서시(西施)를 위해 소주성 서쪽 교외의 영암산(靈巖山)에 세웠다고 한다.
25) 霓裳(예상) : 예상우의무(霓裳羽衣舞)를 지칭.
26) 姑蔑(고말) : 황하유역에 있던 고대 국가. 주나라 초기에 멸망하여 고말족의 한 갈래가 월나라의 경내로 들어가 전공을 세웠으며, 위진(魏晉) 이후에 점차 한족으로 융화되어 사라졌다. 여기서는 월나라를 지칭.
27) 旌旂蔽日光(정기폐일광) : 정기(旌旂), 즉 깃발이 햇빛을 가린다는 것으로 군사가 많아 진용이 웅장한 모양.
28) 西子(서자) : 춘추시대 월나라의 미녀 서시(西施). 월왕 구천(勾踐)에 의해 오왕 부차에게 바쳐져 오나라 패망에 큰 역할을 하였다.

春日

片雲捲盡曉風淸, 處處春光花滿城.
流水暗浮芳草色, 綠楊低拂舞衣輕.

봄날에

조각구름 휘말려 사라지고 새벽바람 맑은데
곳곳에 봄이 와 꽃이 성에 가득하네
흐르는 물에는 은은하게 고운 풀빛이 떠 있고
푸른 버들 나지막이 스치니 춤옷처럼 가볍구나!

【해제】 아름답고 고요한 봄날 소주의 정경을 그림처럼 묘사했다. 제 3구의 흐르
는 물에 떠있는 방초의 푸른빛은 은연중에 봄의 애수를 연상시키고, 제 4구의
가볍게 흔들리는 버들가지의 모습은 손에 잡힐 듯 생동한다.

代閔娘閨思四首 其一

習習29)東風拂翠幃30), 朧朧花氣惹輕裾.
玉堦31)愁絶音書斷, 故托春心問柳枝.

민씨 낭자의 '규중 생각'을 대신하여 4수, 제1수

산들산들 봄바람 푸른 장막에 불어오고
몽롱한 꽃기운 가볍게 치마를 잡아끈다
소식 끊어져 옥섬돌에 근심 가득해
짐짓 춘심에 기대어 버들가지에 묻는다

---

29) 習習(습습) : 바람이 부드럽게 부는 모양. 『시경·패풍·곡풍(詩經·邶風·谷風)』에 "부
　　드럽게 부는 골짜기의 바람, 흐린 날씨에 비가 오네(習習谷風, 以陰以雨)"라는 구
　　절이 있다.
30) 翠幃(취위) : 비취색의 장막.
31) 玉堦(옥계) : 옥석을 쌓아 만들거나 옥으로 장식한 계단.

代閔娘閨思四首 其二

翡翠花鈿碧玉冠, 薄羅衫子護春寒.
閑來紫陌32)紅樓33)望, 數盡飛花人未還.

민씨 낭자의 '규중 생각'을 대신하여 4수, 제2수

비취로 장식한 꽃 비녀, 벽옥으로 장식한 관
얇은 비단 적삼으로 봄 한기를 막는다
한가로이 큰길가 홍루에서 바라보니
날리는 꽃잎 다 헤아리도록 님은 돌아오지 않네

32) 紫陌(자맥) : 교외의 큰 길.
33) 紅樓(홍루) : 화려한 누각.

代閔娘閨思四首 其三

雙星[34]黯黯[35]限河梁, 風靜簾虛月一床.
夢去枕屛[36]空掩翠, 愁來無那漏聲[37]長.

민씨 낭자의 '규중 생각'을 대신하여 4수, 제3수

어둑어둑 견우성과 직녀성은 은하수로 막혀있고
바람 고요하고 텅 빈 주렴에 달빛만 침상에 가득
꿈이 떠나간 베갯머리 병풍 앞에서 부질없이 머리 장식 매만지는데
근심이 다가오니 길어지는 저 물시계 소리를 어쩔 수 없네

34) 雙星(쌍성) : 견우성과 직녀성.
35) 黯黯(암암) : 빛이 어둡다. 숨어 드러나지 않다.
36) 枕屛(침병) : 침상 앞의 병풍.
37) 漏聲(누성) : 물시계의 물 떨어지는 소리.

代閔娘閨思四首 其四

涓涓³⁸⁾玉露墮枝頭, 坐見螢飛遶畫樓.
最是傷心今夜月, 淸光一片繫人愁.

민씨 낭자의 '규중 생각'을 대신하여 4수, 제4수

가을 이슬 끝없이 나뭇가지에 내리는데
우두커니 바라보네, 화려한 누각 맴도는 반딧불을
오늘 밤 달은 가장 마음을 아프게 하나니
한 조각 맑은 빛이 사람의 근심을 얽어매네

【해제】 기다림에 지친 여인의 마음을 대신 표현한 것으로 연작시 4수로 되어
있다. 제 1수에서 시의 화자는 하고픈 말을 직접 하지 못하고 애꿎은 버들가지에
게만 소식을 묻고 있다. 제 2수에서는 꽃잎을 다 헤아리도록 하염없이 님을 기다
리는 여인의 모습을 보여주었고, 제 3수에서는 기다림에 지쳐 베갯머리 병풍 가
에서 머리장식을 애써 매만지는 모습을 나타내었다. 제 4수는 화려한 누각을 맴
도는 반딧불과 이를 관조하는 여인의 시선을 통해 무료함과 절박한 기다림을
표현했다.
서원은 작품에서 직접 자신의 심사를 드러낸 적이 거의 없다. 남을 대신해서 쓴
작품을 통해 은연중에 그녀는 기다림의 번민을 간접적으로 드러내고 있는 것으
로 보인다.

38) 涓涓(연연) : 도랑물이 천천히 흐르는 모습. 끊임없이 이어지다.

寄表妹周娘二首 其一

願聽瑤琴³⁹⁾洗素心⁴⁰⁾, 碧窓幽思繞行雲.
鶯聲歷歷驚殘夢, 日暖江干⁴¹⁾草色薰.

사촌누이 주랑에게 보내어 2수, 제1수

마음을 씻어주는 거문고 소리 듣고 싶은데
푸른 창가에 그윽한 생각은 떠가는 구름을 따라 맴도네
꾀꼬리 소리 또렷하게 들려 남은 꿈을 깨우고
날 따스한 강기슭에 풀빛이 향기롭구나!

39) 瑤琴(요금) : 옥으로 장식한 거문고.
40) 素心(소심) : 본심. 마음이 순결하다.
41) 江干(강간) : 강기슭.

寄表妹周娘二首 其二

落日孤城瞰太湖⁴²⁾, 蒼茫雲樹隱啼鳥.
憑欄不盡懷人思, 愁聽千山響蟪蛄⁴³⁾.

사촌 누이 주랑에게 보내어 2수, 제2수

해 지는 외로운 성에서 태호를 내려다보니
아득히 구름 자욱한 나무에 우는 새가 숨어있네
난간에 기대어도 님 그리는 생각 끊이지 않고
근심에 겨워 온 산에 울리는 쓰르라미 소리를 듣네

【해제】 사촌 누이 주랑에게 보낸 시이다. 제 1수에서 화자는 누군가의 거문고 소리를 듣고 싶어 한다. 그러나 그리워할 뿐 가까이서 연주를 들을 수 없자 설핏 잠이 들었다가 다시 깨어났다. 꾀꼬리 소리 또렷하고 풀 향기 선명한 가운데 그리움은 더욱 커진 듯하다. 제 2수는 높은 성 위에서 태호를 바라다보며 누군가를 그리는 심정을 그렸다. 난간에 기대어도 그리움은 끝이 없고, 온 산에 우는 쓰르라미 소리만 들릴 뿐이다. 타인에게 주는 시이지만 이 시 역시 앞의 시와 마찬가지로 시인 자신의 감정이 기탁되었을 가능성을 배제할 수 없다.

42) 太湖(태호) : 중국 5대호의 하나로 강소성 소주, 무석(無錫), 상주(常州)에 걸쳐 있다.
43) 蟪蛄(혜고) : 쓰르라미. 여치.

戲贈歌妓三麗五首 其一

卿卿[44]美麗占南國, 月擬精神花擬色.
歌喉宛轉遏行雲, 曲裡珠璣[45]應絃得.

가기(歌妓) 삼려에게 재미삼아 주어 5수, 제1수

그대의 아름다움 남쪽 나라 차지하여
달은 그대의 정신인 듯, 꽃은 그대의 미색인 듯
노랫소리 감돌아 떠가는 구름을 붙잡고
옥구슬 같은 가락은 거문고와 어우러지네

44) 卿卿(경경) : 친밀한 사람에 대한 칭호. 그대. 당신.
45) 珠璣(주기) : 보배. 아름다운 시문이나 그림.

戲贈歌妓三麗五首 其二

雙環46)小姬顏白晳47), 雲帶籠鬆48)黛螺49)碧.
朝來度得陌上桑50), 殷勤試奏來華席.

가기(歌妓) 삼려에게 재미삼아 주어 5수, 제2수

귀걸이를 한 어린 여인 얼굴은 새하얗고
구름 같은 옷자락 헝클어지고 눈썹은 검푸르네
아침에 〈맥상상〉을 터득하여
화려한 잔치에서 은근히 시험 삼아 연주한다네

---

46) 雙環(쌍환) : 아름다운 한 쌍의 옥가락지 또는 귀걸이.
47) 白晳(백석) : 피부가 희고 말끔하다.
48) 籠鬆(농송) : 마구 엉클어지다.
49) 黛螺(대라) : 여인의 눈썹. 소라 모양의 먹. 푸른 산봉우리.
50) 陌上桑(맥상상) : 악부 〈상화곡(相和曲)〉의 명칭으로 아름답고 매력적인 뽕따는 여
    인인 나부(羅敷)가 등장한다.

戲贈歌妓三麗五首 其三

古來燕趙多佳人, 詎比娉婷[51]貌出塵[52].
白玉作腮花作醫, 珊瑚瑟上度陽春[53].

가기(歌妓) 삼려에게 재미삼아 주어 5수, 제3수

예로부터 연나라 조나라엔 미인이 많다지만
어찌 속세를 벗어난 아름다운 자태에 비할까?
백옥으로 뺨을 만들고 꽃잎으로 보조개를 지은 듯
산호 장식한 거문고로 〈양춘곡〉을 연주하네

51) 娉婷(빙정) : 아름다운 자태. 미인.
52) 出塵(출진) : 세속을 초월하다.
53) 陽春(양춘) : 고대 금곡(琴曲)의 명칭. <백설(白雪)>과 더불어 통상 <양춘백설(陽春白雪)>이라 불리며 격조가 높아 이해하기 힘든 예술을 지칭한다. 송옥(宋玉)의 <대초왕문(對楚王問)>에 이와 관련된 내용이 나온다.

戲贈歌妓三麗五首 其四

楚楚54)妖娥肌勝玉, 蓮花步步55)香飄穀.
纖腰無奈曉風吹, 高築瑤臺56)貯金屋57).

가기(歌妓) 삼려에게 재미삼아 주어 5수, 제4수

가냘프고 우아하여 피부는 옥보다 아름답고
경쾌한 걸음마다 향기가 치맛자락에 휘날리네
가녀린 허리는 새벽바람도 감당치 못할 듯
화려한 누대 높이 쌓아 황금저택에 감춰두리라!

54) 楚楚(초초) : 초목이 모여 난 모양.
55) 蓮花步步(연화보보) : 여인의 걸음걸이가 경쾌하고 아름답다.
56) 瑤臺(요대) : 아름다운 옥으로 쌓은 누대. 화려한 누대.
57) 金屋(금옥) : 화려한 저택.

戲贈歌妓三麗五首 其五

平陽歌舞[58]推絶倫, 爭似芳卿[59]妙出群.
一曲淸商[60]恰歡宴, 纏頭[61]親贈錦廻文[62].

가기(歌妓) 삼려에게 재미삼아 주어 5수, 제5수

평양공주 저택의 가무는 절륜하다고 손꼽히지만
무리에서 뛰어난 그대의 묘한 춤과 어찌 겨루겠는가?
한 곡조 맑은 소리 즐거운 잔치에 잘 어울리니
회문시 수놓인 비단을 친히 상으로 내려주리라!

【해제】 가기 삼려에게 써준 시로 총 5수의 연작시이다. 아름다운 목소리와 더불어 삼려의 미모와 화려한 옷차림, 장신구 등을 다각적으로 화려하게 묘사했다. 서원은 당시 인습을 깨고 자유롭게 기녀, 비구니, 여도사 등 여러 부류의 여인들과 격의 없이 시를 주고받았다고 한다. 이 시에서 그녀의 이와 같은 자유로움을 찾아볼 수 있다.

---

58) 平陽歌舞(평양가무) : 한 무제의 누이인 평양공주(平陽公主)의 저택에서 노래하고 춤췄던 사람, 즉 위자부(衛子夫)를 말한다. 후에 한 무제의 두 번째 황후가 되었다.
59) 芳卿(방경) : 여인에 대하여 친밀하게 부르는 호칭. 자기. 그대.
60) 淸商(청상) : 상성(商聲), 고대 오음(五音)의 하나로 곡조가 맑고 처량하다.
61) 纏頭(전두) : 기녀의 가무가 끝나면 손님들이 비단을 하사하는 행위.
62) 廻文(회문) : 회문시(回文詩). 어떠한 방향으로 읽어도 시구의 내용이 성립된다.

秋夜三首 其一

皎月如練秋氣浮, 光同千里長河流.
紅樓63)少婦思欲絶, 塞下征兒雙鬢秋.

가을밤 3수, 제1수

밝은 달 비단처럼 아름답고 가을 기운 가득한데
달빛은 천리장강과 함께 흘러가네
홍루의 어린 여인은 그리움에 혼절할 듯
변방으로 원정나간 님의 귀밑머리도 희어졌으리

---

63) 紅樓(홍루) : 홍색의 누각. 화려한 누각.

秋夜三首 其二

蕭蕭木葉墮雲扉，銀漢低廻玉漏微．
霜浸寒光侵寶瑟，月明淸夜理殘機．

가을밤 3수, 제2수

우수수 나뭇잎이 구름 낀 사립문에 떨어지는데
은하수 낮게 흐르고 물시계 소리 희미하네
서리에 물든 차가운 달빛 거문고에 스며들고
달 밝아 맑은 밤에 짜다 만 베틀을 매만지네

秋夜三首 其三

槿花委露秋思淸, 凉風淅瑟[64]枝上鳴.
閑庭寂寂芳草生, 遙指三星[65]今夜橫.

가을밤 3수, 제3수

무궁화 서리에 시들고 가을 생각은 맑은데
서늘한 바람 불어 가지 위에서 쉭쉭 소리를 낸다
한가로운 정원 적막하고 방초는 돋아났는데
멀리 삼성을 가리키니 오늘 밤은 가로 비껴있네

【해제】 타지로 떠나간 임을 기다리는 여인의 심정을 노래한 시로 연작시 3수로
되어있다. 제 1수는 달밤에 임을 그리는 여인의 심정을, 제 2수는 님을 기다리며
베 짜는 모습을, 제 3수는 멀리 별빛만 바라보는 여인의 모습을 그렸다. 전통적
으로 기다리는 여인의 모습을 부각시킨 악부체의 내용과 어조를 모방하였다.

---

64) 淅瑟(석슬) : 바람소리.
65) 三星(삼성) : 별자리 이름. 하늘에서 밝으면서 서로 근접한 세 개의 별로 삼수삼성
(參宿三星, 사냥꾼자리의 별 세 개), 심수삼성(心宿三星, 전갈자리의 별 세 개), 하
고삼성(河鼓三星, 독수리자기의 별 세 개로 견우성이 포함되어 있음)이 있다. 『시
경 · 당풍 · 주무(詩經 · 唐風 · 綢繆)』에 "땔나무는 잘 묶어놓았고 밝은 별은 하늘
에 있네. 오늘 밤이 어떤 밤인가 이처럼 좋은 사람 만났으니(綢繆束薪, 三星在天.
今夕何夕, 見此良人)"라는 구절이 있다.

送邵妹北上二首 其一

烟波漠漠大江平, 簫鼓66)駢闐別恨生.
把袂67)不知春日暮, 故鄉回首白雲橫.

북상하는 소씨 누이를 전송하며 2수, 제1수

안개 아스라한 큰 강은 넓게 펼쳐져 있고
음악소리 몰려와 이별의 한이 돋아난다
옷깃 부여잡고 봄날이 저무는 줄도 몰랐는데
고향으로 머리 돌리니 흰 구름만 비껴있네

---

66) 簫鼓(소고) : 퉁소와 북. 음악.
67) 把袂(파몌) : 손을 잡다. 소매를 잡다.

送邵妹北上二首　其二

翠幰[68]金羈[69]拂落花，揚鞭西指夕陽斜.
行雲望遠歸鴻盡，遙見靑山起暮霞.

북상하는 소씨 누이를 전송하며 2수, 제2수

푸른 휘장 황금빛 재갈을 한 수레는 낙화를 스치며 나아가는데
채찍 들어 서쪽을 가리키니 석양이 기울어가네
떠가는 구름 멀리 바라보니 돌아가는 기러기 다 사라지고
아득히 보이는 것은, 청산에 이는 저녁 놀

【해제】 북으로 떠나는 지인을 전송하며 지은 시이다. 시의 내용으로 보아 두 사람은 모두 고향집을 떠나온 상태이며, 여기서 시인은 북상하는 지인을 전송하며 자신은 고향 쪽을 바라보고 있다. 생동감 있는 처리가 돋보인다. 특히 고향을 떠나온 화자가 다시 지인을 더 먼 곳으로 보낼 때의 갈피를 잡지 못하는 어수선한 심경이 잘 표현되어 있다.

68) 翠幰(취헌) : 비취 새의 깃털로 장식한 수레 장막.
69) 金羈(금기) : 황금으로 장식한 재갈.

泛苕溪四首 其一

扁舟泛泛⁷⁰⁾五湖⁷¹⁾白，芳草芊芊⁷²⁾亂行陌.
滿目蒼烟⁷³⁾飛暮⁷⁴⁾霞，一片晴山千仞碧.

초계에 배를 띄워 4수, 제1수

조각배 물결 하얗게 빛나는 오호를 떠가고
방초 무성하여 가는 길 어지럽네
아득한 운무 눈에 가득 들어오고 아스라이 저녁노을 날리는데
한 조각 맑게 갠 산은 천길 높이로 푸르구나!

---

70) 泛泛(범범) : 떠가다. 물결 따라 흘러가다.
71) 五湖(오호) : 오월(吳越)지역의 호수로 여러 설이 있으며 시대마다 명칭도 다르다. 일반적으로는 태호(太湖), 파양호(鄱陽湖), 동정호(洞庭湖), 팽려호(彭蠡湖), 소호(巢湖)의 다섯 개 호수를 말한다.
72) 芊芊(천천) : 초목이 무성하다. 벽록색.
73) 蒼烟(창연) : 광활하게 펼쳐진 운무.
74) 暮(모) : 원문에 막(莫)으로 되어있다.

泛苕溪四首 其二

洞庭風景烟如織, 茨藕花香鳴蟋蟀.
嘹嚦[75]孤鴻天際來, 繚繞旌帆雲外沒.

초계에 배를 띄워 4수, 제2수

동정호의 풍경은 베로 짠 듯이 안개가 자욱하고
납가새와 연꽃은 향기 풍기고 귀뚜라미 울어댄다
처량하게 우는 외기러기 하늘 끝에서 날아와
돛단배 감돌더니 구름 밖으로 사라지네

75) 嘹嚦(요력) : 소리가 맑고 처량하게 울리다.

泛苕溪四首 其三

落日平沙遠岸幽, 紛紛楓葉逐行舟.
靜看此去東流水, 載蓋浮沈千古愁.

초계에 배를 띄워 4수, 제3수

모래톱에 해 지고 먼 기슭은 그윽한데
어지러이 날리는 단풍잎은 떠가는 배를 쫓아가네
이곳에서 동으로 흘러가는 강물을 고요히 바라보니
천고의 시름을 싣고 출렁이는구나!

泛苕溪四首 其四

鸚湖[76]相望浪滄滄[77], 月印波心水面凉.
何處悲歌推激管, 不堪愁思黯河梁[78].

초계에 배를 띄워 4수, 제4수

앵호를 바라보니 물결은 아득히 끝이 없고
달 비친 호수 복판 수면은 서늘하네
어디선가 들려오는 슬픈 노랫소리에 피리 소리 자극하니
저물어가는 이별의 다리에서 근심스런 생각을 견딜 수 없네

【해제】 초계에 배를 띄우고 풍경을 노래한 것으로 연작시 4수로 되어있다. 제
1수는 밝게 빛나는 호수와 방초가 무성한 모습, 노을과 산의 모습을 배의 흐름에
따라 순차적으로 묘사했다. 전반부의 흐릿한 모습과 대비되어 마지막 구에 드러
난 천길 푸른 산의 모습은 매우 역동적으로 느껴진다. 제 2수 역시 짧은 4구안에
서 이미지의 배치를 조직적으로 활용한 점이 두드러진다. 제 1, 2구의 정적인
아름다움과 제 3, 4구의 운동감이 대조를 이루어 역동적인 화면을 구성하였다.
제 3수는 점차 어두워지는 가운데 오가는 배와 흐르는 물결을 마주하며 눈앞의
공간에서 무상한 천고의 시간을 이끌어내었다. 제 4수는 앵호에 뜬 달을 바라보
며 때마침 들려오는 노랫소리에 더욱 근심을 견딜 수 없음을 말하였다. 앞에서
보여준 봄날의 아름다운 화면과 무상한 천고의 시간 때문에 시에서 말하는 근심
스런 생각은 제한적 시간을 사는 인간이 갖는 숙명적인 근심으로 읽힌다.

76) 鸚湖(앵호) : 소주시 옆 오강(吳江)에 있는 호수.
77) 滄滄(창창) : 드넓다.
78) 河梁(하량) : 다리. 송별의 장소.

五絶句送長倩夫子[79]北征 其一

依依[80]堤柳半鴉黃[81], 送子行行過野塘.
岐路悠悠悲別鶴[82], 不堪飛雨黯河梁.

북으로 떠나는 장천선생을 전송하는 다섯 절구, 제1수

한들거리는 제방의 버들 반쯤 아황색일 때
떠나가는 그대 전송하며 들의 연못을 지나네
아스라한 갈림길, 이별한 학처럼 서글픈데
어두워지는 이별의 다리에 비마저 뿌리는 것 견딜 수 없네

79) 長倩夫子(장천부자) : 서원의 남편 범윤림(范允臨)을 지칭.
80) 依依(의의) : 가볍게 흔들리다. 미련을 두어 머뭇거리다.
81) 鴉黃(아황) : 부녀자가 이마에 바르는 황색의 분.
82) 別鶴(별학) : 이별한 학. 멀리 떨어져 있는 부부를 상징한다. 별학(別鶴)은 슬픈 사
   연이 간직된 금곡의 곡조명이기도 하다.

五絶句送長倩夫子北征 其二

離亭[83]驛馬繫長楊, 荒堞驚烏噪夕陽.
咫尺征塵[84]蔽星漢[85], 輕衣曳曳[86]捲吳霜.

북으로 떠나는 장천선생을 전송하는 다섯 절구, 제2수

이별의 정자에 역마는 긴 버들에 묶여있고
황량한 성가퀴에는 놀란 까마귀가 석양에 울어댄다
지척에서 날리는 길가의 먼지가 은하수까지 덮을 듯한데
휘날리는 가벼운 옷깃은 오나라 서리를 말아 올린다

---

83) 離亭(이정) : 고대에 성에서 조금 떨어진 곳의 길가에 사람들이 휴식하도록 만들어
    놓은 정자. 이곳에서 주로 송별을 했다.
84) 征塵(정진) : 길 위에 피어나는 먼지.
85) 星漢(성한) : 은하수.
86) 曳曳(예예) : 휘날리는 모습.

五絕句送長倩夫子北征 其三

金樽玉碗醉壚頭[87], 月色湖光相映流.
落落[88]孤帆掛離思, 半林秋色擁征裘[89].

북으로 떠나는 장천선생을 전송하는 다섯 절구, 제3수

금 술 단지, 옥 술잔으로 주점에서 취하니
달빛과 호수의 빛깔이 서로 어우러져 흐른다
우뚝 선 외로운 돛엔 이별의 사념이 걸려있고
숲에 반쯤 든 가을빛은 떠나는 이의 옷을 감싸네

87) 壚頭(노두) : 주점 머리.
88) 落落(낙락) : 장대하다. 고고하다.
89) 征裘(정구) : 먼 길 떠나는 사람이 입는 가죽옷.

五絶句送長倩夫子北征　其四

蕭蕭木葉動鳴秋, 寂寞寒泉帶急流.
西風一夜披霜月⁹⁰⁾, 飛向江南草木愁.

북으로 떠나는 장천선생을 전송하는 다섯 절구, 제4수

부슬부슬 떨어지는 나뭇잎이 가을을 일깨우고
적막하고 차가운 샘은 급하게 흘러간다
서녘 바람 밤새 불어와 달빛에 서리를 입히더니
강남으로 날아가 초목을 시름에 빠뜨리네

90) 霜月(상월) : 음력 7월. 차가운 밤의 달 빛.

五絶句送長倩夫子北征 其五

洞庭湖水任悠悠, 楓葉霏霏滿渡頭.
寂寞朱扉91)掩斜柳, 金風92)不度薊門93)秋.

북으로 떠나는 장천선생을 전송하는 다섯 절구, 제5수

동정호 물결은 멋대로 유유히 출렁이고
단풍잎 부스스 날려 나루터에 가득하네
쓸쓸한 붉은 대문은 늘어진 버들에 가렸는데
가을바람은 소슬한 계문을 넘지 못하네

【해제】 남편 범윤림이 북경으로 떠나는 것을 전송하며 지은 것으로 연작시 5수로
되어있다. 제 1수에서는 별학조와 작별하는 다리를 들어 이별의 슬픔을 표현했
다. 제 2수는 먼 길을 떠나는 남편의 모습을 위풍당당하게 표현하였다. 제 3수는
떠나가는 사람의 모습을 멀리서 그렸다. 제 4수는 이별 후 두드러지는 계절감을
표현했다. 마지막 제 5수는 남편을 떠나보낸 후의 자신의 상황을 상상하며 썼다.
제 3구에서는 늘어진 버들에 가려진 붉은 대문으로 쓸쓸히 남편을 기다리는 상
황을 나타냈으며, 제 4구에서는 남편이 있는 북경이 멀리 떨어져 있다는 거리감
을 표현하였다.

---

91) 朱扉(주비) : 붉은 칠을 한 대문.
92) 金風(금풍) : 가을 바람. 금(金)은 오행 가운데 서쪽인 가을에 해당된다.
93) 薊門(계문) : 계문관(薊門關)을 말하며 계주[薊州, 지금의 천진시 북쪽 계현(薊縣)]일
    대를 지칭한다. 이와 별도로 북경 서쪽 덕숭문(德勝門) 밖 지역도 예부터 계문(薊
    門)이라 불려왔다. 위의 시 구절은 왕지환(王之渙) 양주사(凉州詞)의 "봄 바람은 옥
    문관을 넘지 못하네(春風不度玉門關)"라는 구절을 빗대어 쓴 것으로 보인다.

詠宮人曉粧三首 其一

仙掌[94]雲移日滿窓, 六宮[95]窺鏡寫鴉黃[96].
紅酥茜粉[97]融香頰, 密刺花根[98]引蝶狂.

궁녀의 새벽 단장을 노래하여 3수, 제1수

선인의 승로반에 구름 걷히고 햇살이 창에 가득차면
육궁에선 거울 보며 아황을 바르네
붉은 연지 고운 분가루가 향기로운 볼에 퍼지면
촘촘한 가시와 꽃 뿌리는 훨훨 나는 나비를 불러들이리

94) 仙掌(선장) : 한무제 시기에 이슬을 받기 위하여 만든 구리로 만든 선인(仙人)의 손
　　바닥.
95) 六宮(육궁) : 고대 황후의 침궁.
96) 鴉黃(아황) : 고대 부녀자가 머리에 칠하는 황색의 화장분.
97) 紅酥(홍소) : 여인의 피부를 화사하고 매끄럽게 만드는 화장품. 천분(茜粉) : 꼭두서
　　니 풀로 만든 분가루.
98) 密刺花根(밀자화근) : 촘촘한 가시와 꽃 뿌리. 화장을 마친 매혹적인 여인을 비유
　　한 것으로 보인다.

詠宮人曉粧三首 其二

規月雲梳[99]合趙粧[100], 七星珠珮[101]九華璫[102].
御前給得新龍腦[103], 滲入羅襦襯體香.

궁녀의 새벽 단장을 노래하여 3수, 제2수

곱게 꾸민 모습은 조나라의 화장법에 들어맞고
칠성 노리개와 구화당 귀걸이를 찼다네
어전에서 새로 나온 용뇌향을 하사받으니
비단 저고리에 스며들어 몸의 향기를 더하는구나!

99) 規月雲梳(규월운소) : 달 같은 용모, 구름 같은 머리로 단장하다.
100) 趙粧(조장) : 미인이 많다는 조나라의 화장법.
101) 七星珠珮(칠성주패) : 일곱 개의 별로 장식하고 주옥으로 꾸민 패식.
102) 九華璫(구화당) : 매우 화려한 귀걸이. 귀걸이의 아래에 매달리는 것이 9개이다.
103) 龍腦(용뇌) : 용뇌향.

詠宮人曉粧三首 其三

迎風紫殿104)柳烟105)黃, 燕薄簾鉤106)碎語忙.
玉水拂粧穿曉井, 碧桐花笑瓦粘霜.

궁녀의 새벽 단장을 노래하여 3수, 제3수

바람 부는 궁궐에 무성한 버들은 시들고
주렴에 가까이 나는 제비 바쁘게 지저귄다
새벽 우물물 긷느라 옥 같은 물에 화장 지워지는데
벽오동 꽃은 웃음 머금고 기와에는 서리가 내렸네

【해제】 궁녀의 새벽화장을 노래한 연작시 3수이다. 제 1수는 궁녀의 화장 모습을
원거리에서 포착하였다. 선인의 승로반과 햇살에서 점차 아황색 분과 붉고 부드
러운 뺨으로 시선을 좁혀 세밀하게 궁녀의 화장을 노래했다. 제 2수는 화장법과
장신구, 용뇌향 등으로 감각적인 아름다움을 표현했다. 제 3수는 다시 시선을
넓게 잡아 버들과 제비, 벽오동과 서리 내린 기와 등, 새벽 단장하는 궁녀의 주변
환경을 묘사했다.

104) 紫殿(자전) : 제왕의 궁전.
105) 柳烟(유연) : 안개처럼 무성한 버들.
106) 簾鉤(염구) : 주렴을 걷어서 거는 고리. 주렴의 의미.

宮詞107)四首 其一

金殿嵯峨列九堦108), 內家109)嬌踏翠雲鞋.
玄鬟碧黛110)爭扶輦, 知是司花玉女111)儕112).

궁사 4수, 제1수

높이 솟은 화려한 전각에 아홉 계단 늘어서있는데
궁녀들 푸른 구름 신을 신고 아리땁게 걸어가네
검은 머리 짙푸른 눈썹 단장하고 다투어 어가를 부축하니
꽃의 여신이라 착각하겠네!

---

107) 宮詞(궁사): 주로 궁정의 생활을 노래한 시로 일반적으로 칠언절구이며 당대(唐代)
    에 널리 유행했다.
108) 九堦(구계) : 제왕이 정사를 행하는 장소. 9개의 계단으로 이루어져 있다.
109) 內家(내가) : 황궁. 궁녀.
110) 玄鬟碧黛(현환벽대) : 틀어 올린 검은 머리와 푸르게 그린 눈썹. 곱게 단장하다.
111) 司花玉女(사화옥녀) : 사화녀(司花女). 온갖 꽃을 관리하는 여신.
112) 儕(제) : 무리, 함께.

宮詞四首 其二

水灌香泥碧草菜，笑隨雛鳥啄新槐．
盡日禁前無召喚，擲盧[113]隊裡得梟來．

궁사 4수, 제2수

물 질펀한 향기로운 진흙에서 푸른 풀을 뜯고
새로 돋은 느티나무 쪼는 어린 새를 웃으며 쫓아가네
온종일 대전 앞에서 부르는 소리 없어
저포 놀이판에서 '효'패를 얻어오네

---

113) 擲盧(척로) : 저포(樗蒲). 궁녀들이 평소에 즐겨 하는 놀이로, 흑백으로 칠해진 5개
의 패를 던져 나오는 6종류의 조합에 따라 승부를 겨루는 놀이. 5개 모두 흑이면
최고의 패로 '노(盧)'라 하며, 4흑 1백이면 2등으로 '치(雉)'라 하는데 이 두 가지는
'귀채(貴彩)'라 하여 다시 한 번 더 던지거나 다른 특권이 있지만, 나머지 4종은
'효(梟)'나 '독(犢)'이라 하는데 '잡채(雜彩)'라 하며 쓸모가 없다. 이 시에서 효패
를 얻었다는 것은 어린 궁녀가 아직 게임에 서툴다는 것이다.

宮詞四首 其三

魚藻宮114)深樹影排，晝閑蕭散115)小窓娃.
染毫116)榻得滕王蝶117)，自獻君王白玉墀.

궁사 4수, 제3수

깊숙한 어조궁에 나무 그림자 늘어섰는데
낮은 한가롭고 스산한데 작은 창가의 여인
붓 휘둘러 등왕의 호접도를 그려내어
스스로 백옥 계단에서 왕에게 바친다네

114) 魚藻宮(어조궁) : 한 고조 유방(劉邦)이 총애하는 척희(戚姬)를 위해 세운 궁전.
115) 蕭散(소산) : 처량하다.
116) 染毫(염호) : 붓에 먹을 묻혀 운필하다.
117) 滕王蝶(등왕접) : 등왕의 호접도(蝴蝶圖). 당 태종의 동생 등왕 이원영(李元嬰, ?-684)이 창시했다고 한다.

宮詞四首 其四

子弟梨園[118]樂事多, 叢叢[119]小妓抱雲和[120].
主家敎得新翻曲, 猶似開元[121]供奉歌[122].

궁사 4수, 제4수

이원의 예인들은 연회가 많아
옹기종기 어린 기녀들 악기를 안고 있네
선생님이 새로운 곡조를 가르치니
마치 개원 시절 궁중 음악과 같네

【해제】 궁정의 생활을 노래한 것으로 잘 알려진 궁사(宮詞)라는 제목을 빌어, 한 편으로 옛 궁녀의 생활을 상상하여 묘사하였고, 일부는 자기 집안의 가기(歌妓)에 대해 쓴 것으로 보인다. 연작시 4수로 구성되었다. 제 1수는 푸른 신을 신고 전각 계단에 늘어선 궁녀의 모습을 그리고 있는데, 마치 오늘날의 미인대회를 보는 듯하다. 제 2수는 무료한 어린 궁녀의 모습을 여러 가지 동작을 통해 생동감 있게 드러냈다. 제 3수는 총애를 받으려 자발적으로 등왕의 호접도를 그려서 바치는 적극적인 모습의 궁녀를 보여주었다. 제 4수는 "어린 기녀"와 "주인"이라는 표현으로 보아 실제 궁중의 모습이 아닌 서원 시대의 기녀 혹은 가기(歌妓)의 모습을 노래한 것으로 보인다. 서원의 집은 당시 소주 문화계의 중심에 있었으며, 대형 희반(戲班, 극단)을 소유하고 있었다. 따라서 마지막 시는 자신의 집에서 연회의 음악 등을 책임진 사람이 여러 배우들을 훈련시키는 모습으로 읽힌다.

118) 梨園(이원) : 궁정에서 춤과 노래를 담당하는 예인(藝人)을 가르치던 곳.
119) 叢叢(총총) : 가득 모여 있다.
120) 雲和(운화) : 금슬(琴瑟) 등 현악기의 통칭.
121) 開元(개원) : 당 현종 시기의 연호(713-741).
122) 供奉歌(공봉가): 궁중에서 연주되는 가곡.

近宮詞四首 其一

禁宮遙逈赭墻¹²³⁾高, 萬歲華筵¹²⁴⁾列九韶¹²⁵⁾.
嬌女如花齊捧玉, 酒觴先進鄭櫻桃¹²⁶⁾.

궁사에 빗대어 4수, 제1수

황궁에는 아득하게 붉은 담 높이 솟아 있는데
황제의 만수를 기원하는 화려한 연회에는 구소가 벌여있네
꽃처럼 아름다운 여인들 일제히 옥을 바치는데
제일 먼저 술잔을 내려주는 이는 정앵도라네

---

123) 赭墻(자장) : 붉은 색의 궁궐 담장.
124) 華筵(화연) : 풍성한 잔치.
125) 九韶(구소) : 순(舜)임금 시대의 음악.
126) 鄭櫻桃(정앵도) : 동진 시기 후조(後趙)의 문제(武帝) 석호(石虎, 295-349)의 황후.
　　　본래 기녀로 있다가 석호의 총애를 받아 세 번째 황후에 봉해졌다.

近宮詞四首 其二

上林127)虎圈列重圍，帝子128)宸遊動鼓鼙129).
三百內監130)齊整束，紅旗影裡蔽花袿131).

궁사에 빗대어 4수, 제2수

상림의 호랑이 우리는 겹겹으로 둘러있고
제왕의 새벽 놀이에 북이 둥둥 울리네
삼백 명 내관들 일제히 복장을 가다듬고
붉은 깃발 그림자에 화려한 옷이 가려지네

127) 上林(상림) : 한 무제 때의 궁원. 다양한 궁전, 원림, 사냥터 등이 있었다.
128) 帝子(제자) : 요임금의 딸 아황(娥皇)과 여영(女英). 제왕의 자식. 여기서는 천자.
129) 鼓鼙(고비) : 큰 북과 작은 북. 전쟁.
130) 內監(내감) : 환관.
131) 袿(규): 웃옷.

近宮詞四首 其三

千巡蠟炬絳烟[132]燒，天樂遙臨碧漢[133]飄.
深鎖內宮聽漏徹，比[134]聞前殿罷淸朝.

궁사에 빗대어 4수, 제3수

수많은 횃불은 붉은 연기 내며 타오르고
천상의 음악 아득히 하늘 위로 울려 퍼지네
깊이 잠긴 내궁에서 밤새 물시계 소리 듣다가
연이어 앞 대전에서 조회 끝났다는 소식을 듣네

132) 絳烟(강연) : 홍색의 연기나 안개.
133) 碧漢(벽한) : 하늘. 은하.
134) 比(비) : 가까이, 이어서.

近宮詞四首 其四

千宮無事禁葳蕤[135]，玉案[136]新來不納書.
報道單于[137]消獵火[138]，太平天子坐宸居[139].

궁사에 빗대어 4수, 제4수

수많은 궁전에 일이 없어 잠그는 걸 금하였고
옥 탁자 새로 만들었어도 조서가 오지 않네
흉노의 선우도 전쟁의 불꽃 꺼졌으니
태평한 천자는 궁궐 깊숙이 앉아계시네

【해제】 근궁사(近宮詞)라는 제목의 이 시는 연작시 4수로 되어있고 궁사(宮詞)를
빗대어 쓴 것으로 보인다. 시의 내용은 궁궐의 연회와 사냥 등을 말하며 태평성
대를 송축하고 있다. 제 1수는 궁중의 연회에서 술잔을 총애하는 여인에게 먼저
내려주는 모습을, 제 2수는 황실의 사냥 놀이에 수백 명의 인원이 동원되는 장관
을 연출하였고, 제 3수는 밤새 이어지는 연회 장면을 그렸으며, 제 4수에서는
상서문도 올라오지 않고 전쟁도 끝나 태평세월이 이어지고 있음을 노래하였다.

135) 葳蕤(위유) : 초목이 무성하다. 화려하다. 여기서는 위유쇄(葳蕤鎖) 즉 정교하고 화
　　 려한 자물쇠라는 의미로 쓰였다.
136) 玉案(옥안) : 옥으로 장식하고 다리가 붙은 쟁반.
137) 單于(선우) : 흉노족의 왕.
138) 獵火(엽화) : 사냥할 때 짐승 몰이를 위해 지르는 불. 고대 유목 민족이 출병하는
　　 전쟁의 불길.
139) 宸居(신거) : 제왕의 거처. 제왕의 자리.

塞下曲五首 其一

薊北¹⁴⁰⁾霜花捲鐵衣, 將軍燧火度金微¹⁴¹⁾.
轅門¹⁴²⁾殺氣連郊黑, 馬上生擒點虜歸.

새하곡 5수, 제1수

계북의 서리꽃 갑옷을 말아 올릴 듯
장군의 횃불이 금미산을 넘어가네
군영의 살기는 교외까지 이어져 어두컴컴한데
말위에서 오랑캐 생포해 데리고 돌아오네

---

140) 薊北(계북) : 계현(薊縣, 지금의 천진시 북부)의 북쪽.
141) 金微(금미) : 산 이름. 알타이산. 지금의 신강성 북부와 몽고 서부에 위치.
142) 轅門(원문) : 고대에 제왕이 순수하거나 사냥하다가 머무는 장소로 수레로 담을 쳤
다.

塞下曲五首 其二

角鷹143)初下草根腓144), 捲髮胡兒馬正肥.
臂挾烏號145)雙赤羽146), 祁連山147)下射鵰歸.

새하곡 5수, 제2수

독수리는 풀뿌리 시들 때 처음 내려앉고
머리 동여 맨 오랑캐의 말은 마침 살져있네
어깨에 오호궁과 적우전을 끼고
기련산 아래에서 독수리를 잡아 돌아오네

---

143) 角鷹(각응) : 독수리의 별명. 머리에 뿔처럼 깃털이 있어 이렇게 부른다.
144) 腓(비) : 초목이 시들다.
145) 烏號(오호) : 《회남자 · 원도훈(淮南子 · 原道訓)》에 나오는 용어로 뽕나무나 산
　　　뽕나무로 만든 좋은 활.
146) 赤羽(적우) : 붉은 색의 깃털. 철촉을 단 화살의 이름.
147) 祁連山(기련산) : 감숙성 서부와 청해성 동북부에 있는 1,000km에 달하는 대산맥.

塞下曲五首 其三

前茅¹⁴⁸⁾衝突任橫驅，獨立中軍¹⁴⁹⁾親鼓枹¹⁵⁰⁾.
百萬吐藩渾倒甲，長纓¹⁵¹⁾先繫五單于¹⁵²⁾.

새하곡 5수, 제3수

선봉 부대 돌진하여 마구 몰아치고
독립된 중군에서 직접 북을 두드리네
백만 토번 군대 완전히 패주하여
포승줄로 먼저 다섯 선우를 묶었네

148) 前茅(전모) : 척후. 선두 부대.
149) 中軍(중군) : 삼군(三軍) 가운데 대장이 있는 지휘 부대.
150) 鼓枹(고포) : 북채.
151) 長纓(장영) : 모자를 묶는 긴 끈.
152) 五單于(오선우) : 흉노 각 부족의 수령.

塞下曲五首 其四

破衲沙 153)黃野燒煙, 楡關 154)昨夜掩天驕 155).
汾陽 156)小隊前旌 157)出, 翠衼 158)金羈佩寶刀.

새하곡 5수, 제4수

파납사 사막은 누렇고 들불은 타오르는데
유관에서 어제 밤에 북방 오랑캐 물리쳤네
분양의 작은 부대가 앞장서서 출전하는데
푸른 옷 황금 재갈에 보도를 찼네

---

153) 破衲沙(파납사) : 중국 7대 사막중의 하나인 쿠부치 사막(庫布齊沙漠, Kubuqi
　　 Desert). 북경에서 서쪽으로 약 2,000km 떨어진 위치에 있으며, 황하의 남안 내몽고
　　 자치구에 있다.
154) 楡關(유관) : 임투관(臨渝關). 북경에서 동쪽으로 약 350km 떨어진 하북성 무녕현
　　 (撫寧縣)에 있는 관문으로 수당 시기 고구려의 방어에 중요했던 관문.
155) 天驕(천교) : 북방의 강성한 민족이나 그 민족의 왕.
156) 汾陽(분양) : 산서성 중서부에 있는 도시.
157) 前旌(전정) : 제왕의 행렬에서 앞에 서서 가는 깃발. 선봉 부대.
158) 翠衼(취이) : 푸른색의 모직물로 만든 옷.

塞下曲五首 其五

精兵萬道肅行儀, 號令新傳李貳師 159).
匹馬踏平沙草窟 160), 烏孫城 161)角有降旗.

새하곡 5수, 제5

만 갈래로 진군하는 정예 부대 위풍당당한 행렬
명령이 새로 이사 장군에게 전해졌네
필마로 광활한 사막의 도적 소굴을 짓밟으니
오손성 모퉁이에 항복의 깃발이 내걸리네

【해제】이 시는 변방의 노래로 5수의 연작시이다. 공간적으로 금미산(金微山), 기련산(祁蓮山), 파납사(破臘沙)사막, 오손성(烏孫城)과 같은 먼 변방의 지명을 사용하고 황금재갈에 보도를 차고 필마로 오랑캐를 진압하는 모습을 노래했다. 당대(唐代) 변새시(邊塞詩)를 비롯하여 여러 전적에 표현된 전장의 분위기와 실전장면, 용맹한 장수의 모습을 참고한 것으로 보인다.

159) 李貳師(이이사) : 이사장군(貳師將軍) 이광리(李廣利, ? - AD 88). 서한시기의 장군으로 한 무제의 총비 이부인(李夫人)의 오빠. 후에 모반이 발각되어 흉노에 투항했다가 살해되었다.
160) 草窟(초굴) : 도적의 소굴.
161) 烏孫城(오손성) : 고대 서역 지역의 나라로 지금의 신강 위구르 자치구 서북 이녕시(伊寧市) 부근의 이리하곡(伊犁河谷). 오손은 서북 변경 지역 소수 민족의 통치자를 지칭.

宮怨六首 其一

月午[162]庭梧秋露凉, 漏深簾箔[163]倒飛霜.
重門合下葳蕤鑰[164], 獨對終宵寶鴨[165]香.

궁궐의 원망 6수, 제1수

한 밤중 정원의 오동에 가을 이슬이 차갑고
밤 깊어가니 늘어진 주렴에 서리가 날린다
층층 대문 안의 규방은 자물쇠로 닫혀
밤새 홀로 오리 모양 향로 마주하고 있네

162) 月午(월오) : 달이 떠 자정이 되다. 한 밤중.
163) 簾箔(염박) : 발.
164) 葳蕤鑰(위유약) : 자물통.
165) 寶鴨(보압) : 오리 모양의 향로.

宮怨六首 其二

梅燼蘭消淸夢166)長, 恍疑167)天閣168)舞霓裳.
嬌歌未斷新鶯169)報, 起見晨光已透窓.

궁궐의 원망 6수, 제2수

매화 향, 난초 향 꺼져가고 달콤한 꿈이 긴데
하늘에서 예상우의무 추는 듯하네
아름다운 노래 그치지 않았는데 새로 꾀꼬리 소리 들려와
일어나 바라보니 아침 햇살 벌써 창 뚫고 들어왔구나!

---

166) 淸夢(청몽) : 좋은 꿈.
167) 恍疑(황의) : 어떤 모습과 흡사하다, 방불하다.
168) 天閣(천각) : 상서대(尙書臺). 한무제 시기에 처음 설치된 동한시기의 관청으로 궁중의 중대(中臺)에 있어 이러한 명칭이 붙었다.
169) 新鶯(신앵) : 초봄의 꾀꼬리 소리.

宮怨六首 其三

金屋秋塵織網橫, 夜寒高碧見河梁.
雙星不向人間照, 暮冷梨花白玉床.

궁궐의 원망 6수, 제3수

화려한 저택에는 가을 먼지에 거미줄이 비껴있고
싸늘한 밤 높은 하늘에 은하수가 바라다 보인다
견우성과 직녀성은 인간세상을 향해 비치지 않아
밤이 되니 배꽃무늬 장식한 백옥 침상이 싸늘하네

宮怨六首 其四

碧苑春深柳寫黃,　盈盈[170]嬌女曲闌[171]傍.
寶釵羞挿雙鷰並,　合翅愁簪對鳳凰[172].

궁궐의 원망 6수, 제4수

푸르른 정원에 봄이 깊어 버들개지 누렇게 피고
날씬한 미인은 굽은 난간에 기대어 있네
부끄러이 꽂은 화려한 비녀에 쌍으로 나란한 난새가
날개 접고 근심스레 봉황장식 마주해있네

---

170) 盈盈(영영) : 자태가 아름답다. 가득 차다.
171) 曲闌(곡란) : 구부러진 난간. 난(闌)은 난(欄)과 같다.
172) 鳳凰(봉황) : 봉황새. 여기서는 봉황모양의 장식물을 지칭.

宮怨六首 其五

脉脉[173]深宮桂殿[174]凉, 阿嬌[175]金屋夜飛霜.
千金欲買相如賦[176], 白首[177]文君[178]怨已長.

궁궐의 원망 6수, 제5수

적막한 깊은 궁궐에 계전은 서늘하고
아교의 황금 궁전에는 밤 서리가 날린다
천금으로 사마상여의 부를 사려고 할 때
백두음을 노래하는 탁문군의 원망은 이미 길어졌다네

173) 脉脉(맥맥) : 응시하다. 물끄러미 바라보다.
174) 桂殿(계전) : 사원이나 도관의 미칭. 후비가 거주하는 궁전.
175) 阿嬌(아교) : 아름답고 고귀한 여인. 한무제의 진황후(陳皇后).
176) 相如賦(상여부) : 사마상여(司馬相如)가 지은 부(賦). 한무제의 진황후가 총애를 잃
     자 천금으로 사마상여에게 <장문부(長門賦)>를 짓도록 하여 이를 바쳐 무제의 사
     랑을 되찾았다고 한다.
177) 白首(백수) : 흰 머리. 사마상여가 출세한 뒤에, 무릉(茂陵)의 여인을 마음에 두자
     이를 슬퍼하며 탁문군은 <백두음(白頭吟)>을 불렀다고 한다.
178) 文君(문군) : 사마상여의 부인인 탁문군(卓文君).

宮怨六首 其六

六龍仙仗¹⁷⁹⁾五雲翔, 侍從繽紛¹⁸⁰⁾列敎坊¹⁸¹⁾.
開着禁林¹⁸²⁾絃管¹⁸³⁾亮, 班姬¹⁸⁴⁾辭輦趙姬¹⁸⁵⁾將¹⁸⁶⁾.

궁궐의 원망 6수, 제6수

여섯 마리 말이 끄는 황제의 행렬, 오색구름이 피어나고
수많은 시종들 교방에 늘어서있네
황제의 정원이 열려 음악이 울려 퍼지는데
반첩여가 동승을 사양하니 조비연이 함께 하네

【해제】 궁궐 생활의 원망을 주제로 한 6수의 연작시이다. 원망을 다각도로 노래
하고 있는데, 뒤로 갈수록 그 원한은 더욱 직접적이고 깊게 표현되고 있다. 제
1수에서는 층층 대문 안에 외부와 떨어진 규방에서 밤새 오리 모양의 향로를
마주하고 있다는 표현을 통해 고독한 상황을 드러냈다. 제 2수는 연작시 전체에
서 가장 밝게 표현되었다. 매화향과 난초향, 예상우의무와 꾀꼬리 소리, 창가에
스미는 햇살 등은 화려하고 쾌적한 공간을 말하는 것 같지만, 사실 뒷부분의 꾀
꼬리 소리와 창가에 스미는 햇살은 시간의 추이와 함께 사랑이 이미 식었음을
드러내주는 부분이다. 제 3수는 거미줄, 견우직녀, 싸늘한 백옥침상을 통해 보다
적극적으로 버려진 여인의 모습을 드러내었다. 제 4수에서 시적 화자는 또 다른

179) 仙仗(선장) : 신선의 행렬. 황제의 의장대.
180) 繽紛(빈분) : 가무가 뒤섞여 어우러지다.
181) 敎坊(교방) : 궁정의 음악을 관리하는 관청.
182) 禁林(금림) : 황제의 원림.
183) 絃管(현관) : 현악기와 관악기. 음악.
184) 班姬(반희) : 서한 여류문인 반첩여(班婕妤). 성제(成帝) 시기에 입궁하여 첩여가 되
    었으나, 훗날 조비연(趙飛燕)에게 참소를 당하여 동궁(東宮)으로 물러나 부를 지어
    스스로를 위로하였다.
185) 趙姬(조희) : 조비연(趙飛燕).
186) 將(장) : 공(共), 여(與)와 같이 "함께"라는 뜻이 있다.

여인을 주인공으로 내세웠다. 시 속의 여인은 아름답게 치장하고 있으나, 그녀의 머리에 꽂힌 난새 장식은 날개를 접은 채 수심을 드리운 듯하다. 주인이 아직 눈치 채지 못한 운명을 시적 화자는 장신구를 통해 발견하고 있다. 제 5수에서 시인은 궁중에서 궁녀의 사랑이란 부질없는 것임을 옛 탁문군과 사마상여의 일화를 통해 말하고 있다. 우리가 알고 있는 전고에 따르면 한무제의 진황후(陳皇后)는 사랑을 잃게 되자, 천금을 주고 사마상여에게 글을 부탁하여 〈장문부(長門賦)〉를 얻게 되었고, 이를 읽고 진황후의 마음을 알게 된 한무제는 다시 진황후를 총애하게 되었다 한다. 그러나 다시 찾은 사랑이 얼마나 갔을지는 알 수가 없다. 사마상여 본인도 사랑했던 탁문군을 버려서 일찍이 〈백두음(白頭吟)〉이 탄생하게 되지 않았던가? 남녀의 사랑이란 영원하지 못하다. 더구나 그 장소가 궁중이라면 더 더욱 말할 필요가 없는 것이다. 마지막 제 6수에서는 이러한 사랑의 본질을 극명하게 보여주었다. 옛날 반첩여는 부덕(婦德)을 지키고자 성제(成帝)와 가마를 함께 타는 것을 사양했으나, 그 자리는 금방 조비연(趙飛燕)이 차지해버렸다. 시인 자신의 논평을 아껴둔 채 객관적 사실만 보여줌으로써 풍자효과를 더하고 있다.

重弔孫夫人[187]六首 其一

杜宇[188]啼聲斷客腸, 永安[189]回首路茫茫.
錦城[190]絲管渾如夢, 惟見春風掃綠楊.

손부인을 다시 애도하며 6수, 제1수

두견새 울음소리 나그네의 애를 끊는데
영안궁으로 머리 돌리니 길이 아득하구나!
비단 고을 음악 소리 꿈결처럼 아련한데
봄바람에 휘날리는 푸른 버들만 보이네

187) 孫夫人(손부인) : 손권(孫權)의 여동생으로 유비(劉備)와 정략결혼을 하였다. 일부
　　 희곡과 소설 『삼국지연의』에서는 손상향(孫尙香)이라는 이름을 붙였다.
188) 杜宇(두우) : 두견새의 별명. 고대 촉나라의 임금 망제(望帝)는 치수에 공을 세우고
　　 후에 신하에게 자리를 물려준 뒤 은거했다고 한다. 죽은 뒤에 두견으로 변하여 해
　　 마다 봄 농사철이 되면 울어댄다고 한다.
189) 永安(영안) : 영안궁(永安宮)을 의미. 유비는 백제성(白帝城)에서 훗날을 도모하며
　　 궁궐 이름을 영안(永安)으로 바꾸었다.
190) 錦城(금성) : 사천성 성도(成都).

重弔孫夫人六首 其二

錦帳三千護主家, 王孫鶴駕191)暮雲遮.
幾番夢落樓心月, 簾外香浮玉洞192)霞.

손부인을 다시 애도하며 6수, 제2수

비단 장막 삼천객이 공주를 호위하고
유비의 가마는 저녁 구름에 가리웠지
몇 번이나 누대 위 높은 달이 꿈속에서 기울었던가?
주렴 밖에 향기 떠돌고 신방에는 새벽노을이 비치네

191) 鶴駕(학가) : 신선의 수레.
192) 玉洞(옥동) : 동방(洞房)의 미칭.

重弔孫夫人六首 其三

三國衣冠193)紙蝶飛194), 蛟宮195)花草自芳菲.
當年激管繁絃196)地, 惟見黃墟197)白骨圍.

손부인을 다시 애도하며 6수, 제3수

삼국의 관리들 이제 모두 죽고 없는데
왕궁의 화초만 저 홀로 향기로워라
그 옛날 풍악 크게 울리던 자리
백골을 둘러싼 무덤만이 보이네

193) 衣冠(의관) : 관리.
194) 紙蝶飛(지접비) : 종이가 나비처럼 날다. 사람이 죽어 지전을 태운 재가 나비처럼
　　　날아가 죽어 사라졌음을 의미.
195) 蛟宮(교궁) : 용궁.
196) 激管繁絃(격관번현) : 관(管)은 관악기, 현(弦)은 현악기로 각종 악기가 동시에 연주
　　　되는 떠들썩한 광경.
197) 黃墟(황로) : 황천. 무덤.

重弔孫夫人六首 其四

將軍無策定雄圖, 巾幗198)周郎199)豈丈夫.
降城不假天山200)箭, 粉黛201)翻爲金僕姑202).

손부인을 다시 애도하며 6수, 제4수

장군은 웅대한 포부를 펼칠 책략이 없었으니
여인을 이용한 주유를 어찌 대장부라 하리오?
성을 공격할 때 천산의 화살을 빌릴 필요도 없이
아름다운 용모가 금복고 화살이 되었구나!

198) 巾幗(건괵) : 부녀자의 두건과 머리 장식. 부녀자.
199) 周郎(주랑) : 삼국시대 오나라의 주유(周瑜, 175-210).
200) 天山(천산) : 천산산맥. 아시아 중부의 대산맥으로 중국 신강위구르자치구의 중부
    에서 시작하여 서쪽으로 러시아에 이르는 길이 2500km, 폭 250-300km의 대산맥.
201) 粉黛(분대) : 얼굴에 바르는 분과 눈썹을 그리는 먹. 화장품.
202) 金僕姑(금복고) : 대강 쏘아도 표적에 명중한다고 하는 화살의 이름.

重弔孫夫人六首 其五

列樹森森映蜃樓²⁰³⁾, 珠簾暮捲海風秋.
瀾廻碧漪²⁰⁴⁾千山合, 坐擁刀環²⁰⁵⁾紫殿²⁰⁶⁾幽.

손부인을 다시 애도하며 6수, 제5수

삼엄하게 늘어선 나무에 신기루가 어리고
저녁에 주렴 걷어 올리니 바닷바람은 벌써 가을
푸른 물결 일렁이듯 수많은 산이 겹쳐지는데
기다리는 마음을 품은 무덤은 그윽하구나!

---

203) 蜃樓(신루) : 신기루.
204) 碧漪(벽의) : 맑은 물결. 푸른 물결.
205) 刀環(도환) : 칼자루 끝에 달린 고리. '환(環)'은 '환(還)'과 동음이어서 '돌아오다'를
　　　의미한다. 坐擁刀環(좌옹도환) : 앉은 채 칼자루를 끌어안다. 여기서는 '죽어서까지
　　　기다리다'라는 의미로 풀이된다.
206) 紫殿(자전) : 제왕의 궁전. 여기서는 손부인의 무덤을 말함.

重弔孫夫人六首 其六

萬古傷心鎖碧湍, 空餘衰草泣孤灘.
相望蜀國深宮月, 白帝城207)高起暮烟.

손부인을 다시 애도하며 6수, 제6수

만고의 상심은 푸른 물결에 잠겨 있고
부질없이 시든 풀만 남아 외로운 여울에서 운다
촉나라 깊은 궁궐 비칠 저 달 바라보니
높이 솟은 백제성에도 저녁연기 피어나리라!

【해제】 이 시는 손권(孫權)의 여동생이자 유비(劉備)의 아내가 되었던 손부인을
애도한 것으로 6수의 연작시이다. 동한(東漢) 말기, 위촉오(魏蜀吳) 삼국이 패권
을 다툴 때 손권은 정치적 목적으로 자신의 여동생을 49세인 유비(劉備)와 혼인
시켰다. 정략결혼이었고 결혼 생활도 채 2년밖에 유지되지 않았지만, 훗날 오나
라에 돌아와 있던 손부인이 유비의 사망소식을 듣고 서쪽을 향해 강물에 몸을
던져 자결했다고 하는 일화는 많은 사람들에게 동정과 찬탄을 불러일으켰다. 그
녀가 몸을 던졌다는 전설이 있는 곳은 남경(南京), 진강(鎭江), 구강(九江) 등 여러
곳이 있으며 많은 사당이 지어졌다. 당시 서원이 손부인을 조문했던 곳은 이러한
많은 유적지 가운데 하나였던 것으로 생각된다.
제 1수에서 3수까지는 과거와 현실을 대비시켜 손부인을 떠올렸다. 조문에 앞서
결혼식의 장관을 연상하며 그 옛날 울렸을 축하 음악이 지금도 들리는 듯 하지만
지금은 옛 모습을 찾을 길 없고 황량한 무덤만 보임을 나타냈다. 제 4수는 형주

---

207) 白帝城(백제성) : 사천성 봉절현(奉節縣) 구당협(瞿塘峽) 입구의 장강 북쪽 기슭에
　　 있는 명승지. 서한말기 공손술(公孫述)이 세웠다. 촉의 유비(劉備)는 죽기 전 어린
　　 아들 유선(劉禪)을 이곳 영안궁(永安宮)에서 제갈량에게 맡겼다. 일찍이 이백(李白),
　　 두보(杜甫), 소식(蘇軾), 육유(陸游) 등의 대 시인이 이곳을 방문하고 시를 남겼다.

땅을 얻기 위해 손권의 누이를 유비에게 시집보낸 주유의 계략을 비난하며 역사의 희생양이 된 손부인의 처지를 동정하였다. 제 5수는 눈앞에 보이는 손부인의 무덤을 대하며 애도의 마음을 표현했고 제 6수는 눈앞의 시든 풀과 달빛을 통해 이역만리로 시집갔던 손부인을 떠올리며 애도를 표현했다.

採蓮曲208)十二首 其一

濕蘿低映石榴裙209), 髻簇華鬘210)寫綠雲.
徐步凌波拾海月, 恰疑湘水211)涉湘君212).

채련곡 12수, 제1수

축축한 여라 덩굴이 주홍 치마에 낮게 드리우고
화려한 트레머리는 푸른 구름이 쏟아지는 듯
물결 헤치고 천천히 나아가며 바다의 달을 주우니
상수를 건너가는 상군인가 의심스럽네

---

208) 採蓮曲(채련곡) : 악부시의 옛 제목으로 <채련녀(采蓮女)>라고도 하며 <강남농(江
    南弄)> 7곡 중의 하나이다. 양(梁) 간문제(簡文帝) 소강(蕭綱)의 채련곡은 강남의
    수려한 풍광을 묘사했다. 채련(採蓮)은 강남지역 오나라, 초나라, 월나라 지역에서
    여름과 가을 사이에 작은 배를 타고 여인들이 연밥을 따는 풍속을 가리킨다. 시인
    묵객이 이러한 광경을 묘사한 많은 작품을 남겼다.
209) 石榴裙(석류군) : 주홍색의 치마.
210) 華鬘(화만) : 장신구의 일종. 초목의 꽃을 실에 꿰어 몸과 머리에 걸치거나 불전에
    바쳤다.
211) 湘水(상수) : 호남성의 최대 하천으로 장강의 주요 지류 가운데 하나.
212) 湘君(상군) : 상수의 신령.

採蓮曲十二首 其二

繡帶牽花蔓刺賁[213], 櫂歌[214]微動水萍分.
携來小妹恒延佇[215], 猶憶城南殢使君[216].

채련곡 12수, 제2수

벋은 가시 무성해 허리띠에 꽃이 끌려 오고
뱃노래 살짝 일어나니 물에 뜬 부평초가 갈라지네
어린 동생 데리고 나와 항상 우두커니 기다리며
아직도 성남에 머무는 님을 그리워하네

---

213) 賁(분) : 대마(大麻). 열매가 많고 크다.
214) 櫂歌(도가) : 뱃노래.
215) 延佇(연저) : 오래 머물다. 목을 빼고 기다리다.
216) 使君(사군) : 한대(漢代)의 자사(刺史). 사람에 대한 존칭.

採蓮曲十二首 其三

錦帆[217]涇[218]裡百花船[219], 曾唱吳娃[220]舊採蓮.
共弄明璫捐曉翠[221], 不知夜色已平灘.

채련곡 12수, 제3수

경수(涇水)에 떠 있는 비단 돛의 백화선
오나라 미인들이 옛날부터 연밥을 땄다지
모두 귀걸이 달랑거리며 새벽부터 연을 따다가
밤빛이 이미 물가에 깔린 줄도 모르네

217) 錦帆(금범) : 비단으로 만든 돛. 장식이 화려한 배.
218) 涇(경) : 경수(涇水), 섬서성 중부에 있는 위수(渭水)의 지류.
219) 百花船(백화선) : 미인이 많이 타고 있는 배.
220) 吳娃(오왜) : 오나라 지역의 미녀.
221) 曉翠(효취) : 새벽 어스름.

採蓮曲十二首 其四

妖冶²²²⁾三三隱綠楊, 紫騮²²³⁾飛控紫絲韁.
應知隔面情如語, 暗送風開寶襪²²⁴⁾香.

채련곡 12수, 제4수

미녀들 삼삼오오 푸른 버들에 숨고
자류마는 자주색 고삐 날리며 달려간다
얼굴 보지 않아도 속삭이는 듯이 마음을 알리니
바람에 옷깃 헤쳐 남몰래 향기를 보내주네

222) 妖冶(요야) : 아름답다. 요염하다.
223) 紫騮(자류) : 고대 명마의 이름.
224) 寶襪(보말) : 허리에 묶는 화려한 허리띠. 요채(腰彩)라고도 한다.

採蓮曲十二首 其五

十三學得楚兒粧[225), 羅襪凌波趁曉光.
水面白蓮花萬片, 枝枝相映玉釵凉.

채련곡 12수, 제5수

열셋에 초나라 여인의 화장법을 익히고
비단 버선 사뿐한 걸음걸이로 새벽빛을 따라 걷네
수면의 하얀 연꽃 수만 송이 피어나
송이송이 어우러지고 옥비녀는 시원하네

225) 楚兒粧(초아장) : 초땅 여인들의 화장법, 복장.

採蓮曲十二首 其六

斷風吹入水雲鄕, 似近鮫人²²⁶⁾織素²²⁷⁾房.
日暮烏啼深樹香, 相隨漁火出橫塘²²⁸⁾.

채련곡 12수, 제6수

한바탕 바람이 물가 마을에 불어오니
교인이 비단을 짜는 방에 가까워 진 듯
해 저물어 까마귀 우는 깊은 숲에 향기 피어나고
고기잡이 불을 따라 횡당을 나선다

---

226) 鮫人(교인) : 인어. 신화전설에 따르면 남해에 살고, 길쌈을 하여 비단을 판매한다
   고 한다. 또 인어가 흘린 눈물이 변하여 진주가 된다고 한다.
227) 織素(직소) : 실을 짜서 백색의 생견(素)으로 만들다.
228) 橫塘(횡당) : 강소성 소주(蘇州)의 서남에 있는 고대의 제방. 연못.

採蓮曲十二首 其七

雙飛靑雀229)下湖西, 杏子230)單衫結束齊.
搖拽231)櫓聲雲外出, 滿郊烟冷撲香泥.

채련곡 12수, 제7수

쌍쌍이 나는 고지새 호수 서쪽으로 날아가고
붉은색의 홑적삼 가지런히 묶었네
느긋하게 노 젓는 소리 구름 밖으로 퍼지고
교외에 찬 안개 자욱한데 진흙 향기가 코끝을 스친다

---

229) 靑雀(청작) : 고지새. 참새목(asseriformes) 되새과(Fringillidae)에 속하며 한국 전역에
   분포하는 흔한 여름새. 길이 18cm정도. 익조(鷁鳥)라고도 함. 익조를 그려 넣은 배
   인 화려한 유람선으로 청작방(靑雀舫)을 가리키기도 한다.
230) 杏子(행자) : 행자홍(杏子紅). 붉은 색의 일종.
231) 搖拽(요예) : 요동치다. 한가롭고 의기양양한 모양.

採蓮曲十二首 其八

十二峯232)頭秋露凉, 門前沙白水蒼蒼.
浣紗溪233)上新萍色, 不似蓮花並妾粧.

채련곡 12수, 제8수

열두 봉우리 꼭대기에 가을 서리 차갑고
문 앞의 백사장에 물이 넘실넘실
완사계에 새로 피어난 부평의 고운 빛깔도
연꽃과 어우러진 내 모습만 못하네

---

232) 十二峯(십이봉) : 무산(巫山) 십이봉.
233) 浣紗溪(완사계) : 약야계(若耶溪), 지금의 절강성 소흥현(紹興縣) 남 약야산에 있으
    며 서시가 비단을 세탁하던 곳이라 한다.

採蓮曲十二首　其九

新粧日射汗流香，爭向花陰納晚凉．
低唱柳枝斜拂水，更流靑眄²³⁴⁾媚蕭郎²³⁵⁾．

채련곡 12수, 제9수

새로 단장한 자태에 해가 비쳐 향기 나는 땀이 흘러
다투어 꽃그늘로 들어가 시원한 저녁 공기를 쏘인다
수면을 스치는 버들가지 곁에서 나지막이 노래하며
다시 정겨운 눈빛을 흘려 소랑을 유혹하네

---

234) 靑眄(청반) : 청안(靑眼). 맑은 눈빛으로 바라보다.
235) 蕭郎(소랑) : 소사(蕭史)를 가리킴. 전설 속 인물로 퉁소를 잘 불어 진(秦) 목공(穆
　　公)의 딸 농옥(弄玉)과 결혼했고 후에 신선이 되어 날아갔다고 한다.

採蓮曲十二首 其十

不畏沙頭236)荷芰風, 半江雲影一帆紅.
曾聞昨夜隣姬渡, 墮翠遺鈿237)出鏡中.

채련곡 12수, 제10수

백사장 연꽃에 부는 바람 두렵지 않은데
강 반쪽에 비친 구름 그림자, 붉은 돛단배
지난밤 이웃집 아가씨 강 건넜다고 들었는데
빠뜨린 초록 머리장식이 수면 위로 나왔구나!

---

236) 沙頭(사두) : 모래톱의 가장자리.
237) 墮翠遺鈿(타취유전) : 머리장식을 빠뜨리고 비녀를 잃다. 마음껏 즐기다. 《구당서
· 후비전 · 양귀비(舊唐書 · 后妃傳 · 楊貴妃)》에 유전타석(遺鈿墮舃), 즉 비녀를
잃어버리고 신발이 벗겨지도록 마음껏 즐긴다는 구절이 있다.

採蓮曲十二首 其十一

風弄荷錢歷亂搖, 吳姬越女鬪纖腰.
迎人浦口花如笑, 十里鶯啼送落潮.

채련곡 12수, 제11수

바람결에 흔들리는 둥근 연잎이 아주 어지러운데
오나라 아가씨 월나라 여인이 가는 허리를 다투네
사람을 맞이해 포구의 꽃은 웃는 듯
십리에 걸쳐 꾀꼬리 울음소리가 썰물을 전송하네

採蓮曲十二首 其十二

曲曲橫塘白似銀　素波流月醉羅煙
歸來笑把花籌算　握裏搖枝不讓人

채련곡 12수, 제12수

굽이굽이 횡당은 은처럼 새하얗고
흰 물결에 흐르는 달빛, 자욱한 안개에 취하네
돌아와 웃으며 꽃을 잡고 꽃 점을 치는데
손아귀에 가지를 잡고 다른 이에게 양보하지 않네

【해제】 연밥을 따는 아가씨의 아름다운 모습을 경쾌하게 묘사한 작품으로 연작시 12수로 구성되었다. 연꽃을 배경으로 연밥을 따는 아가씨의 구체적인 행동이 묘사되어 청신하고 발랄한 느낌을 주며, 시인이 추구하는 미감이 반영되어 궁녀, 혹은 여신의 모습에 가깝도록 화려하게 표현되었다.

제 1수는 넓고 아름다운 공간에 보이는 채련녀의 형상을 마치 여신처럼 표현했다. 바다에 뜬 달을 줍는다는 표현이 참신하다. 제 2수는 연밥을 따러 나와 막상 일은 하지 않고 하릴없이 님을 기다리는 광경을 표현했다. 제 3수는 새벽부터 밤까지 연밥을 따는 모습을, 제 4수는 연잎을 사이에 두고 연정을 품은 모습을, 제 5수는 연꽃 송이와 채련녀의 모습이 서로 어우러진 광경을 아름답게 연출했다. 제 6수는 어두워져 가는 어촌의 모습을, 제 7수는 어둠이 깔린 호수 주변의 정경을 청각과 후각을 동원하여 표현했다. 제 8수에서는 시적 화자가 직접 자신의 모습을 찬미했으며, 제 9수에서는 단장한 얼굴로 그늘에서 연인을 유혹하는 채련녀의 모습을 표현했다. 제 10수는 아침이 찾아온 호수에 떠오른 초록빛 연잎을 보며 어젯밤 노닐던 채련녀의 장식은 아닌지 상상하는 장면을 노래했다. 제 11수는 원거리에서 썰물이 나가는 시점에 오나라, 월나라 아가씨들이 바쁘게

연을 따는 모습을 그렸다. 제 12수는 고운 호수에서 서로 연밥을 따고 돌아와서
꽃 점을 치며 한가로이 즐기는 모습을 그렸다.

柳枝詞²³⁸⁾五首 其一

春風門外草萋萋, 折贈行人襯馬蹄.
憶得征驂²³⁹⁾隨處發, 一枝長碧鄴城²⁴⁰⁾西.

유지사 5수, 제1수

봄바람 부는 문밖 풀이 무성할 때
꺾어다 행인의 말발굽을 따르게 했네
생각해보면 말 멈춘 곳마다 자랐을 테니
한 가지는 업성의 서쪽에서 길이 푸르리라!

238) 柳枝詞(유지사) : 당대(唐代) 《신악부 · 근대곡 · 양류지사(新樂府 · 近代曲 · 楊柳
枝詞)》의 약칭. 당대 유우석 (劉禹錫)의 작품이 대표작으로 꼽힌다. '죽지사(竹枝
詞)'가 지역의 풍속을 많이 다루는데 비해, '유지사'는 주로 버드나무 자체를 노래
한 것이 많다.
239) 征驂(정참) : 수레를 끌고 멀리 떠나는 말. 멀리 여행가는 사람의 수레.
240) 鄴城(업성) : 지금의 하북성 임장현(臨漳縣) 서남 일대. 위진남북조 시기 중원에서
가장 번성한 도시의 하나로서 위, 후조(後趙), 전연(前燕), 동위(東魏), 북제(北齊)가
이곳에 도읍을 정했다.

柳枝詞五首 其二

移入深宮傍苑生, 殿前嫋娜241)憶張鄕242).
君王自是243)憐年少, 不向離亭縐別情.

유지사 5수, 제2수

깊은 궁궐로 옮겨져 정원 곁에서 자라나
전각 앞에 하늘거리며 고향을 추억하네
군왕은 본래 젊은 사람을 좋아하나니
이별의 장소에 이별의 정을 묶어두지 마오!

241) 嫋娜(요나) : 풀이나 나뭇가지가 가늘고 부드럽다. 여인의 자태가 하늘거리다. 한들
   거리다.
242) 張鄕(장향) : 장씨의 고향. 진(晉) 나라 장한(張翰)은 벼슬살이하다가 고향의 순채국
   과 농어회가 생각나서 벼슬을 그만두고 귀향했다고 한다. 여기서는 일반적인 '고
   향'의 의미로 쓰였다.
243) 自是(자시) : 자연스럽게. 원래.

柳枝詞五首 其三

粉絮香飄三月天, 笛中春調度陽關²⁴⁴⁾.
藁砧²⁴⁵⁾久限流星驛²⁴⁶⁾, 片月空懸萬仞²⁴⁷⁾山

유지사 5수, 제3수

버들 솜 향기롭게 마구 날리는 삼월의 하늘
피리로 불어대는 봄노래가 양관을 넘어가네
지아비는 오랫동안 전쟁터에 갇혀있는데
조각달 부질없이 만길 산에 걸려 있네

---

244) 陽關(양관) : 옥문관의 남쪽인 감숙성 돈황시 서남 고동탄(古董灘) 부근에 있는 고
    대의 관문. 멀리 떨어진 지방.
245) 藁砧(고침) : 농촌에서 사용하는 풀을 자르는 도구인 작두(鈇). '鈇(부, 작두)'와 '夫
    (부, 지아비)'가 해음(諧音)으로 여인이 지아비를 칭하는 은어로 사용되었다.
246) 流星驛(유성역) : 전쟁을 알리는 말들이 유성처럼 빠르게 달려가는 역참. 전쟁터를
    비유.
247) 萬仞(만인) : 산이 매우 높다. 인(仞)은 고대의 단위로 7-8자(주나라 시대의 1자는
    약 23cm)에 해당된다.

柳枝詞五首 其四

官渡248)曾悲出塞吟, 武昌249)新種正陰陰.
莫教葉碎250)長楊道251), 明月樓中斷好音.

유지사 5수, 제4수

관도에선 출정의 노래에 서글펐는데
무창에는 새로 심은 버들이 막 우거져있네
버들 축축 늘어진 길에 잎새 시들게 하지 마라!
밝은 달 비치는 누각에 좋은 소식 끊어지니

248) 官渡(관도) : 동한말기 조조군과 원소군(袁紹軍)이 대치하여 전쟁을 벌였던 지역으로 지금의 하남성 중모현(中牟縣)의 동북에 위치.
249) 武昌(무창) : 호북성 장강의 남안에 위치한 도시.
250) 葉碎(엽쇄) : 이파리가 부서지다. 이별로 버들가지를 꺾어 잎이 시들어 떨어짐을 비유.
251) 長楊道(장양도) : 버들 축축 늘어진 길. 진한(秦漢)시기 궁궐명으로 '장양궁(長楊宮)'이 있다. 명대(明代) 왕정상(王廷相, 1474-1544)의 <양화편(杨花篇)>에 "휘날리는 눈발처럼 깃발에 부딪히니, 황혼에 헤매는 버들 길(飛瓊流雪灑行旌, 日暮迷卻長楊道)"이라는 구절이 있다.

柳枝詞五首 其五

長條抽綠舞腰輕, 慣向章臺252)殢有情.
白馬靑年遊不返, 紅粧253)玉筯254)怨歸程.

유지사 5수, 제5수

긴 가지 푸르게 벋어 춤추는 허리처럼 하늘거리며
습관대로 장대 거리를 향해 정을 머금고 있네
백마 탄 청년은 유람 떠나 돌아오지 않고
아름다운 여인 눈물 흘리며 귀로를 원망하네

【해제】 연작시 5수로 버드나무를 소재로 이별의 슬픔을 노래하였다. 제 1수는
어디서든 잘 자라는 버드나무의 특징을 포착하여 떠나는 님의 말을 따라 먼 곳에
가서도 푸른 가지를 드리울 것이라 노래하였다. 제 2수는 궁궐의 버드나무를,
제 3수는 변방의 관문에서 자라는 버드나무를 노래했다. 제 4수는 '관도(官渡)'와
'무창(武昌)'이라는 지명을 들어 출정한 임이 계신 곳의 버들을 노래했다. 제 5수
는 장대 거리를 배경으로 버들이 심겨진 곳에서 일어나는 기녀와 젊은 청년의
이별을 노래했다.

252) 章臺(장대) : 한대(漢代) 장안성에 기녀가 모여 살았던 거리 이름.
253) 紅粧(홍장) : 붉은 색으로 화려하게 단장한 여인.
254) 玉筯(옥근) : 옥 젓가락. 눈물을 비유.

題山水圖代外作三首 其一

花塢長堤跨石橋, 畵船春水曲江橈.
月明靜夜重陰255)碧, 樹杪啼鶯亂玉簫.

산수화를 노래하며 남편을 대신하여 짓다 3수, 제1수

꽃 피어난 긴 제방에 돌다리가 놓여있고
화려한 놀잇배는 봄 강굽이를 노 저어 간다
달 밝아 고요한 밤 푸른 나무 그늘 짙은데
나무 끝 우는 꾀꼬리는 옥피리 소리를 어지럽히네

255) 重陰(중음) : 구름 가득한 흐린 하늘.

題山水圖代外作三首 其二

走馬馱金俠少年, 輕裘256)沽酒白雲天.
紅樓曲宴257)仙人語, 幀底風吹香霧258)妍.

산수도를 노래하며 남편을 대신하여 짓다 3수, 제2수

달리는 말에 금장식을 한 멋진 소년
흰 구름 뜬 하늘 아래 좋은 갖옷으로 술을 산다네
홍루의 잔치에는 선녀들의 속삭임
휘장 아래로 바람 불어 향기로운 머리가 아름답네

256) 輕裘(경구) : 가볍고 따스한 가죽옷.
257) 曲宴(곡연) : 음악과 가무가 없는 잔치로 고대 궁중 연회의 일종으로서, 일정한 시
간과 지점이 없이 열리며 꽃을 감상하거나 시를 짓는 등의 활동을 하였다. 한대부
터 청대까지 지속되었고, 송대에 가장 흥성하였다.
258) 香霧(향무) : 향기. 안개. 여기서는 여인의 머릿결을 지칭하는 것으로 보았다.

題山水圖代外作三首 其三

傲吏[259]爲郎粉署[260]閑, 愛看雲物憶家山.
憑將幾點丹靑[261]染, 日日樓臺紙上安[262].

산수도를 노래하며 남편을 대신하여 짓다 3수, 제3수

뻣뻣한 관리가 담당자 되니 상서성이 한가로워
경물 즐겨 바라보며 고향을 생각하네
점점이 그림 그리는 일에 의지하여
날마다 누대의 종이 위에서 편안하네

【해제】 산수도를 보고 지은 것으로 서원이 남편 범윤림을 대신하여 썼으며 연작시 3수로 되어있다. 이 연작시 3수는 제 1, 2수는 그림에 대해서, 제 3수는 그림을 그린 사람에 대해서 썼다. 제 1수의 (그림 속에 나타난 장면에 대한) 현란한 색채와 소리 묘사가 돋보인다.

259) 傲吏(오리) : 예법에 굽히지 않는 관리.
260) 粉署(분서) : 즉 분성(粉省), 상서성의 별칭.
261) 丹靑(단청) : 단청. 붉고 푸른 안료. 그림.
262) 紙上安(지상안) : 종이 위에서 편안하다. 즉 종이에 그림 그리며 편안히 생활하다.

代姬人263)春怨

翠黛264)含顰不自持, 滿腔幽怨惜芳菲.
幾回夢斷珊瑚枕265), 嬴得纖腰似柳枝.

첩의 봄날 원망을 대신하여

미인은 눈썹 살짝 찌푸리고 근심에 겨워
가슴 가득 깊은 원망을 안고 방초를 애석해하네
산호 베개에서 꿈은 몇 번이나 끊겼던가?
버들가지처럼 가녀린 허리만 얻었지

【해제】 봄날 자신을 찾아주지 않는 님에 대한 원망으로 괴로워하는 첩의 심정을
대신 노래한 시이다. 대언(代言)이라는 형식을 통해 서원은 부분적으로 남성과
자신을 동일시하며 동시에 첩이나 가기(歌妓)와는 다른 자신의 신분을 확인했고,
한편으로는 드러내놓고 말하기 어려웠던 개인적이고 내밀한 감정을 타인을 통해
서 발설할 수 있었다.

263) 姬人(희인) : 첩.
264) 翠黛(취대) : 미인의 눈썹.
265) 珊瑚枕(산호침) : 산호로 만든 베개.

遊仙詩²⁶⁶⁾十絶　其一

銀浦²⁶⁷⁾廻雲咽不流，水凝珠珮殿橫秋.
迎風不閉氷綃幕²⁶⁸⁾，指點雙鬟²⁶⁹⁾控玉鉤.

유선시 십 절구, 제1수

구름 감도는 은하는 목이 메어 흐르지 못하고
패옥에는 물기 어리고 대전에는 가을이 비껴있네
바람 맞느라 차가운 비단 장막 닫지 않다가
시녀를 시켜 옥고리를 당기라고 하네

---

266) 遊仙詩(유선시) : 신선이 한가로이 노니는 세계를 읊은 시.『초사(楚辭)』에서 그
　　　계보가 시작되어 위진남북조(魏晉南北朝)시기 곽박(郭璞, 276-324)에 이르러서 한
　　　유형으로 자리 잡았고 당대 이백(李白)은 유선시의 예술성을 높였다.
267) 銀浦(은포) : 은하.
268) 綃幕(초막) : 얇은 비단으로 만든 장막.
269) 雙鬟(쌍환) : 고대 젊은 여인이 하던 두 개의 고리 모양 머리. 시녀.

遊仙詩十絶 其二

六雲華蓋²⁷⁰⁾紫綃裳, 鳳帔星冠白玉床.
自摘一枝紅芍藥, 笑移花下倩人粧.

유선시 십 절구, 제2수

여섯 구름으로 만든 수레 덮개, 자색 비단 치마
봉황 수놓인 외투, 별이 장식된 관, 백옥 침상
스스로 붉은 작약 한 가지 꺾어
웃으며 꽃 아래에서 치장을 부탁해보네

270) 華蓋(화개) : 제왕이나 귀족이 타는 수레의 덮개. 귀인이 타는 수레.

遊仙詩十絶 其三

翠翡[271]蘭苕[272]結石注，揷楡歷歷[273]影婆娑[274].
袖中瑤草[275]金光色，架上瓊花白玉柯.

유선시 십 절구, 제3수

물총새와 난 꽃이 돌기둥을 감싸고
느릅나무 우뚝하게 줄 지어 그림자 하늘거리네
소매 속의 선초는 금색으로 빛나고
시렁 위엔 기이한 꽃과 백옥 가지가 있네

271) 翠翡(취비) : 비취조(翡翠鳥), 즉 물총새. 곽박의 <유선시 14수>의 제3수에 "비취새
　　가 난 꽃을 희롱하니, 모습과 색이 더욱 서로 선명하구나!(翡翠戲蘭苕, 容色更相
　　鮮)"라는 구절이 있다.
272) 蘭苕(난초) : 난 꽃.
273) 歷歷(역력) : 분명하다.
274) 婆娑(파사) : 빙빙 돌며 춤추는 모양. 자태가 우미하다.
275) 瑤草(요초) : 먹으면 장수한다는 전설의 선초(仙草).

遊仙詩十絶 其四

淥浦搖光漾蜀羅[276], 松風萬里度雲窩.
仙人歸路乘玄鶴, 帝女[277]排空曳翠螺[278].

유선시 십 절구, 제4수

맑은 포구에 일렁이는 햇살 비단 옷자락에 너울거릴 때
만 리를 불어가는 솔바람은 구름 피어나는 동굴을 넘어가네
신선은 돌아가는 길에 검은 학을 타고
천제의 딸은 허공으로 오르며 검푸른 머리를 늘어트리네

276) 蜀羅(촉라) : 사천에서 짠 가벼운 비단.
277) 帝女(제녀) : 전설에 나오는 천제나 고대 황제의 딸. 천제의 딸 요희(瑤姬). 요임금
     의 딸 아황과 여영.
278) 翠螺(취라): 여인의 상투 머리. 산봉우리의 형상. 비취를 박은 머리 장식.

遊仙詩十絶 其五

九點孤烟279)雲外平, 蒼梧280)碧月洞庭春.
斑枝281)嫋嫋雨聲瑟, 洛水282)人歸露滿中.

유선시 십 절구, 제5수

아홉 줄기 외로운 연기는 구름 너머로 평평해지고
창오에는 밝은 달 비치는데 동정호엔 봄이 왔네
반죽의 가지 하늘거리고 빗소리 추적거리는데
낙수의 사람은 돌아갔네, 이슬 가득한 길로

279) 九點烟(구점연) : 아홉 점 연기. 높은 곳에서 내려다 본 구주(九州), 즉 중국의 모습
을 형용한 말. 이하(李賀)의 시 <몽천(夢天)>에 "멀리 중국 땅 바라보니 아홉점 연
기(遙望齊州九點煙)"라는 구절이 있다.
280) 蒼梧(창오) : 창오산(蒼梧山). 중국 호남성(湖南省) 영원현(寧遠縣)의 동남쪽에 있음.
순(舜) 임금이 남방을 순행하다가 붕어(崩御)하였다는 곳임. 일명 구의(九疑)라고도
함.
281) 斑枝(반지) : 얼룩 반점이 있는 대나무인 반죽(斑竹)의 가지.
282) 洛水(낙수) : 하남성 낙양(洛陽)을 흐르는 하천. 황하의 지류. 시구에 나오는 '낙수
를 떠난 사람'은 조식(曹植)의 <낙신부(洛神賦)>에 나오는 낙수의 여신, 즉 복비(宓
妃)를 말한다. 낙신부에서 조식은 인간과 여신 사이의 이루어질 수 없는 사랑을 애
타게 묘사하였다.

遊仙詩十絶 其六

已隨靑鳥283)渡明河, 復見仙姝284)弄玉梭285).
共醉銀軿拾海月, 不知春色上林286)過.

유선시 십 절구, 제6수

이미 청조를 따라 은하를 건너
다시 베를 짜는 선녀를 보았네
함께 취해 은장식 수레 타고 바다의 달 줍느라
봄빛이 상림원을 지나가는 줄을 몰랐네

283) 靑鳥(청조) : 청색의 새. 서왕모(西王母)의 소식을 전한다는 전설의 파랑새.
284) 仙姝(선주) : 선녀. 여기서는 직녀.
285) 玉梭(옥사) : 옥으로 만든 북, 즉 베틀.
286) 上林(상림) : 한 무제 때의 궁원. 다양한 궁전과 원림, 사냥터 등이 있었다.

遊仙詩十絶 其七

寶照氷球碧落生, 晶盤甘露濕歸雲.
諸花忽放天山287)霰, 片片香分玉蝶裙.

유선시 십 절구, 제7수

보석처럼 빛나는 얼음구슬 푸른 하늘에서 돋아나
수정 쟁반 같은 달 속의 이슬은 돌아가는 구름을 적시네
온갖 꽃 홀연히 피어나 천산에 싸락눈처럼 흩어졌다가
조각조각 향기 되어 나비 치마에 스미네

287) 天山(천산) : 산맥 이름. 앞의 각주 200) 참조

遊仙詩十絶 其八

風月名香午夜飄, 白毫影裡見紅綃.
上元²⁸⁸⁾載酒麻姑²⁸⁹⁾醉, 侍女低橫碧玉簫.

유선시 십 절구, 제8수

바람 부는 달빛 아래 한밤중 좋은 향기 흩날리고
하얀 광채 속에 붉은 빛이 드러나네
대보름에 술을 싣고 와 마고는 취하고
시녀들은 벽옥 피리를 나직이 비껴 부네

288) 上元(상원) : 정월 대보름.
289) 麻姑(마고) : 《신선전(神仙傳)》에 나오는 신화 속의 여신. 장수의 상징.

遊仙詩十絶　其九

繡錦抛梭日夜忙, 支機片石290)冷河梁.
鵲橋不爲雙星291)駕, 一水盈盈秋露凉.

유선시 십 절구, 제9수

북을 놀려 무늬를 짜느라 밤낮으로 바쁜데
베틀 받친 돌은 이별의 장소에 차갑구나
오작교가 견우직녀 위해 놓이지 않으니
물결 넘실대고 가을 이슬이 차갑네

---

290) 支機片石(지기편석) : 기석(機石). 은하수의 직녀가 베틀을 받친다는 돌. 베틀.
291) 雙星(쌍성) : 견우성과 직녀성. 견우와 직녀.

遊仙詩十絶 其十

鉗鉢金沙洗碧流, 月明孤鶴夜悠悠.
綠陰深處東風急, 分得曇花292)紫鳳裘293).

유선시 십 절구, 제10수

사발을 집어 금모래를 푸른 물결에 씻는데
밝은 달 아래 외로운 학은 밤에 유유히 날아가네
녹음 짙은 곳에 동풍이 급하게 불어와
우담바라와 자봉이 새겨진 귀한 갖옷을 얻었다네

【해제】 신선 세계를 상상하며 쓴 작품으로 10수의 연작시로 되어 있다. 이와 같은 작품은 서원이 귀재(鬼才)로 이름을 날린 당대 시인 이하(李賀)의 시를 특별히 좋아했기 때문인 것으로 생각된다. 제 7수의 두 번째 구절 '수정 쟁반 같은 달 속의 이슬은 돌아가는 구름을 적시네'라고 한 것은 이하(李賀)가 〈몽천(夢天)〉에서 "옥 바퀴 이슬을 뿜어 둥근 빛을 적시네(玉輪軋露濕團光)"라고 한 것을 참조한 것으로 보인다. 연작시 전체는 특별한 구조를 지니고 있지는 않으며 비슷한 주제와 이미지를 즉흥적으로 묘사하고 있다. 제 1수에서 3수까지 시인은 현실세상에서 이상세계를 꿈꾸고 있다. 제 4수에서 8수까지는 신선의 세계 자체를 노래했고, 제 9수는 사라진 신선을 노래했으며, 제 10수에서는 다시 신선세상을 꿈꾸고 있다. 시인은 섬세한 묘사와 생동하는 인물묘사로 신선 세상을 상상이 아닌 현실처럼 느껴지도록 묘사하였다. 예를 들어 제 1수의 마지막 구에서 그녀는 '시녀를 시켜 옥고리를 당기라'고 하여 실재감을 부여했으며, 제 2수에서는 붉은 작약 한 가지를 꽂아 치장을 부탁하는 직접적 행동으로 실재감을 부여했다. 또한

292) 曇花(담화) : 3천년에 한 번 핀다는 전설의 꽃 우담바라.
293) 紫鳳裘(자봉구) : 전설의 신령스러운 새로 상서를 상징하는 자색 봉황이 장식된 갖옷.

대담하고 기이한 상상은 독자들의 시선을 사로잡을 만한데, 제 4수에 보이는 '허공에 머리를 늘어뜨리고 날아가는 천제의 딸'이나 제 6수의 '바다의 달을 줍는' 장면, 혹은 제 8수에 등장하는 '술에 취한 마고할미'는 눈앞에 이러한 일들이 벌어지는 듯한 상상의 즐거움을 준다. 한편 제 10수의 도입부는 사금을 캐는 장면으로 시작되는데 자본주의가 발달하기 시작했던 명대 말기를 잘 보여주는 이미지로 생각된다.

題園中竹四首 其一

落影搖光撒碧絲[294], 濕香新翠點輕枝.
雙飛粉靨[295]琅玕[296]重, 繚繞靑烟露井垂.

정원의 대를 읊어 4수, 제1수

땅에 떨어진 그림자 어른거려 푸른 실을 흩어놓은 듯
촉촉한 향기 새로 돋은 푸른 싹이 가지를 틔우네
분 자국 묻은 듯이 마주 나는 대줄기가 무거워
푸른 연기 감싸인 채 우물가로 드리우네

294) 碧絲(벽사) : 청록색의 실. 갓 돋아난 여린 풀이나 젊은 여인의 머리를 비유.
295) 粉靨(분엽) : 엽(靨)은 '보조개'라는 뜻. 분엽은 여기서 대줄기에서 가지가 돋은 부
    위에 분칠한 듯 흰 가루가 있는 것을 묘사한 것이다.
296) 琅玕(낭간) : 주옥과 비슷한 아름다운 돌. 구슬과 비슷한 열매가 달린다는 전설의
    나무. 여기서는 대나무.

題園中竹四首　其二

紫石蒼泥壘玉叢 297), 長條籜落拔墻東.
迎車 298)雉子爭攀駕, 挾尾稍稍 299)綠草中.

정원의 대를 읊어 4수, 제2수

자주색 돌과 푸른 흙에 옥 같은 대나무 돋아
긴 대줄기 껍질 벗고 담 동쪽으로 벋어났네
무성한 숲으로 꿩 새끼들 다투어 들어가더니
분분히 꼬리를 푸른 풀 속에 끼워 넣네

---

297) 玉叢(옥총) : 대숲.
298) 迎車(영거) : 신부를 맞이하는 수레. 여기서는 대나무가 무성해져 윗부분이 수레의
　　　일산처럼 생긴 것을 묘사한 것으로 풀이하였다.
299) 稍稍(초초) : 분분하다.

題園中竹四首 其三

小苑春明竹塢開, 抽空千尺惹雲偎.
還將一節秦樓300)奏, 曲引東王301)鳳侶302)來.

정원의 대를 읊어 4수, 제3수

작은 정원 봄이 한창인데 대나무 언덕이 열려
하늘로 천척을 뻗어 구름을 가깝게 끌어들이네
다시 또 한 곡조 가져다 봉루에서 연주하니
그 노래가 아름다운 짝인 동왕을 인도해왔네

---

300) 秦樓(진루) : 진목공(秦穆公)이 딸 농옥(弄玉)을 위해 세운 누각인 봉루(鳳樓).
301) 東王(동왕) : 농옥과 짝을 이루었던 소사(蕭史).
302) 鳳侶(봉려) : 좋은 친구. 아름다운 연인.

題園中竹四首 其四

素質淸華傲雪摧, 幽莖古幹小龍材303).
相依自伴孤臣潔, 不傍湘江帝子304)栽.

정원의 대를 읊어 4수, 제4수

맑고 미려한 본질은 눈발에 꺾이지 않고
그윽하고 굳센 줄기는 책의 재료라네
서로 의지하여 외로운 신하와 짝해 결백하리니
상강의 아황과 여영 곁에 심지를 마라!

【해제】 정원의 대나무를 노래한 연작시 4수이다. 제 1수는 대나무의 푸른 줄기를
세밀하게 묘사했고, 제 2수는 대숲에서 벌어진 일을, 제 3수는 대나무 언덕에서
연주되는 음악을 묘사했다. 제 4수는 눈에도 꺾이지 않는 대나무의 곧은 품성과
서책의 재료로 쓰여 온 특징을 칭송했다. 일반적인 영물시에 비해 세밀화로 그린
듯 섬세한 필치와 생동하는 장면묘사가 돋보인다.

303) 小龍材(소룡재) : 용도각(龍圖閣)의 대제(待制)를 이르는 말. 송대에 책을 모아두는
　　　기구였던 용도각의 학사들은 각기 다른 별명을 가지고 있었는데, 그 가운데 직학
　　　사(直學士)를 대룡(大龍)이라 하고 대제(待制)를 소룡(小龍)이라 했다. 여기서 소룡
　　　재(小龍材)는 서적의 재료가 되는 죽간을 의미한다.
304) 帝子(제자) : 요임금의 딸 아황(娥皇)과 여영(女英)으로 순임금의 비(妃)가 되었다.
　　　순임금이 죽자 애도하며 아황과 여영이 흘린 눈물이 상강의 대나무에 배어 반죽
　　　(斑竹)이 되었다고 한다.

贈從弟仲容北征五首 其一

往送征車雨雪紛, 層層津樹隱江雲.
今朝又作陽關305)別, 明月春山鴈羽分.

북으로 떠나는 사촌 아우 중용에게 5수, 제1수

떠나는 수레 전송하는데 눈비가 부슬부슬
나루터 무성한 나무는 강가 구름에 잠겨있네
오늘 아침 또 양관의 이별을 하니
달 밝은 봄 산에서 기러기처럼 나뉘네

305) 陽關(양관) : 주 244) 참고.

贈從弟仲容北征五首 其二

輕風昨夜渡淸萍, 一片晴光散紫茵.
更向高城隨去轍, 爲君飛染洛陽春.

북으로 떠나는 사촌 아우 중용에게 5수, 제2수

지난 밤 산들 바람, 부평 뜬 맑은 강 건너 불어오고
한 조각 맑은 빛이 붉은 이끼에 흩어지네
다시 높은 성에 올라 지나간 수레자국 따라
그대 위해 날아가 낙양의 봄을 물들여 주리라!

贈從弟仲容北征五首 其三

胡雲片片薊門306)黃，麗日融和遶建章307).
看取朝來絃管308)亮，中天吹向紫霓裳309).

북으로 떠나는 사촌 아우 중용에게 5수, 제3수

조각구름 떠 있는 북방, 계문관에 가을이 왔는데
고운 햇살 무르녹아 건장궁을 에워싸네
보고 말리라! 조정에 다시 불려와 음악이 울려 퍼지고
하늘 복판으로 자색 춤옷이 휘날리는 것을

306) 薊門(계문) : 계문관(薊門關)을 말하며 계주[薊州, 지금의 천진시 북쪽 계현(薊縣)]
    일대를 지칭한다.
307) 建章(건장) : 장안성 밖에 한무제가 세운 궁궐인 건장궁(建章宮).
308) 絃管(현관) : 현악기와 관악기. 음악.
309) 霓裳(예상) : 가볍게 날리는 춤옷. <예상우의곡(霓裳羽衣曲)>.

贈從弟仲容北征五首 其四

半山空翠310)剪芙蓉, 萬里長天駕玉虹311).
別酒重傾新市柳, 離驂312)遙控五雲313)中.

북으로 떠나는 사촌 아우 중용에게 5수, 제4수

산허리 푸른색은 부용을 잘라낸 듯하고
만리장천에는 고운 무지개가 걸렸네
저자에 돋아난 새 버들 아래서 이별주 다시 기울이고
이별의 수레 아득히 오색구름 속으로 몰아가네

310) 空翠(공취) : 녹색의 초목. 청색의 축축한 안개.
311) 玉虹(옥홍) : 흰 무지개. 무지개처럼 둥그스름한 것.
312) 離驂(이참) : 이별의 수레. 참(驂)은 네 필의 말이 끄는 수레에서 바깥 쪽 두필의
    말.
313) 五雲(오운) : 오색의 구름, 길상의 징조.

贈從弟仲容北征五首 其五

千林月白夜溶溶314), 上苑315)春紅散玉驄316).
濃醉看花宮漏317)曉, 葳蕤318)不鎖夜城空.

북으로 떠나는 사촌 아우 중용에게 5수, 제5수

광활한 숲에 하얀 달 빛 밤에 넘실거리고
상림원의 붉은 봄꽃은 옥화총에 흩어져 날리네
거나해져 꽃을 바라보는 사이 물시계는 새벽을 알리고
텅 빈 성에는 밤에도 자물쇠를 잠그지 않네.

【해제】 북경으로 벼슬을 구하러 가는 사촌 동생 중용(仲容)에게 보내는 시로 연작시 5수로 되어있다. 제 1수는 이별의 정경을, 제 2수는 헤어지는 아쉬움을 말하였고, 제 3수에서는 조정에 도착한 이후 곧 높은 관직에 나아가기를 상상하는 장면을 그렸다. 제 4수는 다시 이별의 장면을 다루었으며, 제 5수는 먼 미래를 상상하며 동생이 가게 될 북경이 치안이 잘 되어 태평성세를 구가할 것이라 전망하면서 앞날을 축원하였다.

314) 溶溶(용용) : 광활하다. 흔들거리다.
315) 上苑(상원) : 한나라 황실의 정원 상림원(上林苑).
316) 玉驄(옥총) : 당현종이 타던 명마 옥화총(玉花驄). 준마.
317) 宮漏(궁루) : 궁궐의 물시계.
318) 葳蕤(위유) : 초목이 무성하다. 깃털로 장식하다. 여기서는 위유쇄(葳蕤鎖), 즉 자물통을 의미.

楊玉環319)五首　其一

嬌歌花蕚320)舞霓裳321), 橫惹胡塵322)入建章323).
一自飄零324)馬嵬325)血, 斷魂消盡荔枝香.

양옥환 5수, 제1수

교태스러운 노래, 꽃 같은 용모로 예상우의무를 추어
오랑캐 무리를 장안으로 마구 불러들였지
한 번 몰락해 마외파에서 피를 뿌리고부터
애달픈 넋은 여지의 향기 따라 다 스러졌네

---

319) 楊玉環(양옥환) : 양귀비(楊貴妃).
320) 花蕚(화악) : 꽃받침. 원문에는 化蕚(화악)으로 되어있다.
321) 霓裳(예상) : 예상우의무(霓裳羽衣舞).
322) 胡塵(호진) : 오랑캐의 먼지, 안사(安史)의 난을 가리킴.
323) 建章(건장) : 한무제가 장안성(長安城)의 밖에 세운 궁전인 건장궁. 여기서는 장안
　　을 의미.
324) 飄零(표령) : 떠돌다. 영락하다.
325) 馬嵬(마외) : 섬서성 흥평현(興平縣) 서쪽에 있는 마외파(馬嵬坡)로, 안사의 난이 일
　　어나 현종과 함께 피난가다가 양귀비가 죽임을 당한 곳.

楊玉環五首 其二

內家326)巧餙327)道家粧328), 壽邸329)歸來拜上皇330).
爭羨池塘鸂鶒331)暖, 寧如被底鎖鴛鴦.

양옥환 5수, 제2수

궁에서 아름답게 꾸미고 도사가 되었다가
수왕의 저택에서 돌아와 현종을 배알했네
어찌 연못의 비오리가 사이좋은 것 부러워하랴?
차라리 이불 아래서 짝을 이룬 원앙이 되리라!

---

326) 內家(내가) : 황궁. 궁녀. 내시. 양가부녀. 일반 가정.
327) 巧餙(교회) : 교식(巧飾). 정교하게 꾸미다.
328) 道家粧(도가장) : 양옥환이 수왕(壽王)과 강제로 이혼하고 도관에서 여도사로 있던 일을 지칭.
329) 壽邸(수저) : 현종의 18째 아들이자 양옥환의 남편이었던 수왕(壽王)의 저택.
330) 上皇(상황) : 현종.
331) 鸂鶒(계칙) : 원앙보다 크고 자주색이 많아 자원앙(紫鴛鴦, 비오리)이라 불리는 물새.

楊玉環五首　其三

六宮[332]誰似美人芳，娘子齊稱擅玉房[333]
艶極却嫌脂粉汚，遠山微掃倚三郎[334]

양옥환 5수, 제3수

비빈 가운데 누가 꽃처럼 아름다운가?
여인들 일제히 양옥환이 뛰어나다 칭찬하네
너무 요염해 도리어 화장으로 얼룩질까 싫어하며
먼 산 같은 눈썹을 살짝 그리고 삼랑에게 기대네

---

332) 六宮(육궁) : 고대 황후의 침궁. 황후. 비빈이 거주하는 곳.
333) 玉房(옥방) : 규방.
334) 三郎(삼랑) : 당현종이 예종(睿宗)의 셋째 아들이었으므로 여기서는 당현종을 가리
　　　키는 것으로 보았다. 전하는 바에 따르면 안사의 난을 일으킨 안록산(安祿山) 또한
　　　셋째 아들이었다고 한다.

楊玉環五首 其四

亭亭335)浴罷出蘭湯, 紅汗流珠玉粟336)涼.
晝靜綠窓人不至, 偸將玉笛惱寧王337).

양옥환 5수, 제4수

요염하게 목욕 마치고 뜨거운 욕탕에서 나오니
구슬처럼 붉은 땀방울, 한기에 옥같이 소름이 돋네
한낮 고요해 푸른 창에 임은 오지 않으니
몰래 옥피리로 영왕을 괴롭힐까?

335) 亭亭(정정) : 높이 솟다. 고결하다. 밝고 아름답다.
336) 玉粟(옥속) : 추워 피부에 소름이 돋다.
337) 寧王(영왕) : 현종의 형 이헌(李憲, 679-741)으로 말 그림과 음률에 뛰어났다.

楊玉環五首 其五

午屛抱枕日初長, 宣召[338]忙傳待擧觴.
睡足海棠初着雨, 阿環[339]承寵在昭陽[340].

양옥환 5수, 제5수

병풍 앞 베게 끌어안은 한낮, 해가 길건만
황제의 명 바삐 전해와 술잔 들고 기다린다 하네
한껏 자고난 해당화에 처음 비가 뿌리듯
양옥환이 은총을 받아 소양전에 있네

【해제】 양귀비의 미모와 운명을 노래한 시로 연작시 5수로 되어있다. 제 1수는
빼어난 미모와 마외파에서의 죽음을 그렸고, 제2수는 현종에게 간택되기까지의
과정을, 제 3, 4, 5수는 아름다운 외모에 대해 궁체시를 방불케 할 정도로 농염한
자태를 집중적으로 묘사했다. 망국의 책임을 묻거나 역사의 희생양으로 보는 시
선 대신 아름다움을 감각적으로 드러내는데 치중하였다.

338) 宣召(선소) : 제왕이 신하를 부르다.
339) 阿環(아환) : 양귀비의 어릴 적 이름.
340) 昭陽(소양) : 후비가 거주하는 궁전인 소양전(昭陽殿).

燈夕341)偶成四首 其一

氷
水潾細擁水天斜, 萬樹星燈影絳紗342).
何處歌鐘343)迷凍角, 畵樓簫鼓344)小侯345)家.

원소절에 우연히 읊어 4수, 제1수

얼어붙은 강은 가늘게 무늬지고 물빛 하늘은 비껴있는데
나무마다 별처럼 걸린 등불에 붉은 빛 비치네
어느 곳 편종 소리가 차가운 호각소리를 미혹시키나?
화려한 누각 고관대작의 집에는 음악소리 울리네

341) 燈夕(등석) : 정월 대보름 밤
342) 絳紗(강사) : 붉은 비단. 붉은 휘장.
343) 歌鐘(가종) : 편종(編鐘). 음악소리.
344) 簫鼓(소고) : 퉁소와 북. 음악을 연주하다.
345) 小侯(소후) : 공신의 자손이나 외척의 자제로서 제후에 봉해진 사람. 고관대작.

燈夕偶成四首 其二

風光三五[346]正繁華, 踏遍春郊鬪麗娃.
日暮板橋[347]明月下, 凌波[348]露冷濕鸞釵[349].

원소절에 우연히 읊어 4수, 제2수

정월 대보름의 풍경은 정말로 시끌벅적한데
봄날 교외를 두루 거닐며 미를 뽐내는 여인들
날 저물어 판자 다리 위 밝은 달빛 아래
사뿐한 걸음에 이슬 차가워 난새 비녀가 축축하네

---

346) 三五(삼오) : 15일. 정월 대보름.
347) 板橋(판교) : 널빤지로 만든 다리. 중국의 안휘성(安徽省)과 호남성(湖南城) 등 각
  지역에 '판교'라는 지명이 있으나 여기서는 보통명사로 쓰였다.
348) 凌波(능파) : 물 위를 걷다. 미인의 사뿐한 걸음.
349) 鸞釵(난차) : 비녀의 머리에 난새가 장식된 비녀.

燈夕偶成四首 其三

千官無事放花遊, 紫禁春城不夜樓.
盡醉葡萄千斛³⁵⁰⁾釀, 愛探花信³⁵¹⁾爲花留.

원소절에 우연히 읊어 4수, 제3수

모든 관리 일이 없어 꽃 나들이에 몰려
봄이 온 자금성은 불야성을 이루었네
포도로 빚은 천말 술에 모두 취하고
꽃소식 즐겨 찾느라 꽃 때문에 머무네

---

350) 千斛(천곡) : 1곡은 10두(斗). 천곡은 매우 많은 양을 가리킨다.
351) 花信(화신) : 꽃이 피는 소식.

燈夕偶成四首 其四

霓裳吹破碧天霞，十二紅樓[352]玉鏡[353]斜．
白下[354]兒童爭拍唱，珊瑚鉤掛紫蝦蟇．

원소절에 우연히 읊어 4수, 제4수

예상우의곡 연주 끝나니 푸른 하늘에 노을이 지고
십이 층 붉은 누각에 달빛 비스듬히 비치네
남경의 아이들 다투어 박수치며 노래하고
산호 고리에 자주색 두꺼비를 걸어두네

【해제】 대보름 정경을 노래한 연작시 4수. 대장원의 안주인에 걸 맞는 화려한
표현이 특징적이며 거대한 스케일이 독자를 압도한다. 제 1수는 등불과 음악소
리, 제 2수는 대보름에 구경나온 여인들이 묘사되었고, 제 3수는 불야성의 장관
을, 제 4수는 대보름에 행해지는 즐거운 민속놀이 장면을 묘사하였다.

352) 十二紅樓(십이홍루) : 십이 층의 붉은 누대. '십이'는 높다는 것을 강조한 것이며
　　구체적 숫자는 아니다. 당(唐) 왕창령(王昌齡)의　<방가행(放歌行)>에 "남으로 낙양
　　나루를 넘어 서쪽으로 십이 층 누대를 바라보네(南渡洛陽津，西望十二樓)라는 구
　　절이 있다.
353) 玉鏡(옥경) : 옥을 갈아 만든 거울. 밝은 달.
354) 白下(백하) : 남경의 별명. 강을 따라 백석피(白石陂)가 있었으며, 진(晋) 도간(陶侃)
　　이 이곳에 백석루(白石壘)를 쌓았고, 후에 또 백하성(白下城)을 건축하였다.

贈薛素素355)五首 其一

連城聲價舊名姬, 養紙芙蓉香紛奇.
綵筆356)揮雲誇濯錦357), 誰言蜀女358)擅稱詩.

설소소에게 드려 5수, 제1수

성과 비견될 높은 명성, 옛 이름은 희
종이에 그린 부용꽃 그 향기 기이하네
그림붓으로 구름을 휘저어 성도에서 유명하니
그 누가 촉 땅의 여인이 시에 뛰어나다 하는가?

---

355) 薛素素(설소소, 16-17C) : 명대의 기녀. 자는 소경(素卿), 윤경(潤卿). 강소 소주 사
    람으로 남경에서 살았으며 명대십능재녀(明代十能才女)로 불렸다. 시서화에 능했으
    며 자수에도 뛰어났다. 시집에 《남유초(南遊草)》가 있다.
356) 綵筆(채필) : 화필(畵筆), 그림붓.
357) 濯錦(탁금) : 사천성 성도 동남부에 있는 금강(錦江)을 지칭. 사천성 성도(成都) 일
    대에서 산출되는 무늬가 있는 아름다운 비단을 의미하기도 한다. 이 구절에서 성
    도에서 자랑할 만한 솜씨를 가진 사람은 주인공 설소소를 지칭하며 동시에 당나라
    때 이 지역의 이름난 기녀이자 시인이었던 설도(薛濤)를 지칭한다.
358) 蜀女(촉녀) : 촉 땅의 여인. 사마상여(司馬相如)의 아내 탁문군(卓文君)을 가리킴.

贈薛素素五首 其二

幽蘭九畹359)墨華淋, 走馬章臺360)彈撲金.
却買輕車駕油壁361), 西陵362)松下結同心.

설소소에게 드려 5수, 제2수

구원(九畹)의 그윽한 난초를 먹으로 그려내고
장대에서 말 달리며 금환을 튕긴다네
도리어 가벼운 수레 사서 유벽거를 몰고
서릉의 소나무 아래서 동심결을 맺었네

359) 九畹(구원) : 매우 넓은 면적. 본래 원(畹)은 땅의 면적단위로 일원(一畹)은 십이무
   (十二畝)라 한다. 《초사 · 이소(楚辭 · 離騷)》에 "나는 구원의 땅에 난초를 심고
   백무의 땅에 혜초를 가꾸었습니다(餘旣滋蘭之九畹兮, 又樹蕙之百畝)"라는 구절에
   서 유래하여 난초를 지칭.
360) 章臺(장대) : 한대 장안성의 거리 이름으로 가기(家妓)가 모여 살던 곳.
361) 油壁(유벽) : 즉 유벽거(油壁車), 수레의 벽에 기름을 칠해 장식한 수레.
362) 西陵(서릉) : 서릉교(西陵橋)를 말함. 항주의 고산(孤山) 서북쪽에 있다. 서림교(西林
   橋) 혹은 서령교(西泠橋)라고도 한다. 육조 시대 명기 소소소(蘇小小)의 무덤이 있
   다. 소소소의 죽음을 애도한 당대 이하(李賀)의 시 <소소소묘(蘇小小墓)>에도 '서
   릉'이 언급되어 있다.

贈薛素素五首 其三

雙彎363)嬌襯步蓮生364), 一束蠻腰365)舞掌輕366).
乍倚東風力不勝, 素華367)纖霧月中盈.

설소소에게 드려 5수, 제3수

작은 두 발이 교태부려 걸음마다 연꽃이 피어나고
한 줌 가는 허리 가벼이 손위에서 춤을 출 듯
잠시 봄바람에 기대려도 몸을 가누지 못하고
하얀 얼굴 고운 머릿결의 그 모습이 달 속에 가득하네

---

363) 雙彎(쌍만) : 여성의 작은 발을 지칭.
364) 步蓮生(보련생) : 즉 보생련(步生蓮), 걸음마다 연꽃이 피어나다. 남제(南齊)의 동혼
　　후(東昏侯) 소보권(蕭寶卷)은 궁중에서 총비 반옥아(潘玉兒)를 위해 금으로 연꽃을
　　만들어 땅에 붙여 그 위를 밟고 지나가게 하고 "걸음마다 연꽃이 피어나네(步步生
　　蓮華)"라 불렀다. 여인의 아름다운 걸음걸이.
365) 蠻腰(만요) : 춤 잘 추는 여인의 가는 허리.
366) 掌輕(장경) : 장중경(掌中輕). 한성제(漢成帝)의 황후 조비연(趙飛燕)은 몸이 가벼워
　　손바닥 위에서 춤을 출 수 있었다고 한다. 몸이 가녀린 미녀.
367) 素華(소화) : 흰색의 꽃. 백색의 광채.

贈薛素素五首　其四

花神俠骨[368]氣縱橫，學寫蠻粧[369]向魏城[370].
手把龍文[371]談虎略[372]，胸羅十萬薛嵩兵[373].

설소소에게 드려 5수, 제4수

꽃다운 마음 날랜 몸에 기개가 넘쳐
남쪽나라 화장법 익혀 위나라 도성으로 향하네
용이 나는 듯 힘찬 문장을 짓고 용맹한 지략을 논하며
가슴에는 설숭의 십만 병사를 품었네

368) 俠骨(협골) : 호방하고 의협심이 강한 기골. 장부다운 기골.
369) 蠻粧(만장) : 남방의 화장법.
370) 學寫蠻粧向魏城(학사만장향위성) : 이 구절은 위(魏) 문제(文帝) 조비(曹丕)의 총희
　　　였던 설야래(薛夜來)를 지칭한 것으로 보인다. 본명은 설령운(薛靈芸). 바느질에 뛰
　　　어나 침신(針神)으로 불리기도 했다. 이 시에서는 설소소의 성씨가 설(薛)인 것에
　　　착안하여 설야래를 끌어들인 것으로 보인다.
371) 龍文(용문) : 웅건한 문필. 준마의 이름
372) 虎略(호략) : 적을 제압하여 승리할 수 있는 책략.
373) 薛嵩(설숭) : 당나라 설인귀(薛仁貴)의 손자로, 젊었을 때 힘이 세고 말을 타고 활
　　　잘 쏘는 것으로 유명했다.

贈薛素素五首 其五

重開別院貯文君374), 寶絡375)千金換翠裙376).
非雨非雲香滿路, 前身應是薛靈芸377).

설소소에게 드려 5수, 제5수

다시 별원을 열어 탁문군을 살게 하고
천금의 목걸이로 푸른 치마와 바꾸었네
비도 아니고 구름도 아니면서 향기 거리에 가득하니
전생에 틀림없이 설령운이었으리

【해제】 당시 유명한 기녀였던 설소소(薛素素)에게 보낸 시로 연작시 5수로 되어 있다. 미모와 더불어 그녀의 재능을 칭송하였다. 제 1수는 뛰어난 그림솜씨를 지녀 탁문군보다 뛰어나다고 하였고, 제 2수에서는 육조(六朝)시대의 기녀 소소소(蘇小小)의 일화를 가져와 뛰어난 재주와 더불어 절개가 굳었음을 나타내었다. 제 3수는 걸음걸이와 몸매 등 세부적인 자태를, 제 4수는 용맹함과 지략을 칭송했으며, 제 5수에서는 그녀의 미모를 삼국시대 위(魏)나라의 설야래(薛夜來)에 비겼다. 당시 미모 뿐 아니라 재주와 무예까지 칭송의 대상이 되었음을 알 수 있다.

374) 文君(문군) : 한나라 때 사마상여(司馬相如)와 결혼한 탁문군(卓文君)을 가리킨다.
375) 寶絡(보락) : 주옥을 꿰어 만든 목걸이.
376) 翠裙(취군) : 녹색의 치마.
377) 薛靈芸(설령운) : 삼국 시대 위 문제 조비(曹丕)의 총회 설야래(薛夜來).

贈琵琶衛娘378)二首　其一

十五粧成學內家, 衫單杏子鬢欹斜.
娉婷379)獨抱雲和380)語, 芍藥風前籠絳紗.

비파를 타는 위씨 낭자에게 드리며 2수, 제1수

15세에 단장하고 여인의 법도를 익히고
살구 빛 홑적삼 입고 귀밑머리 비스듬하네
예쁘게 홀로 비파를 안고 말하는데
함박꽃 앞에 바람 불어 붉은 비단 치마 감겨드네

378) 衛娘(위랑) : 위씨 낭자. 한무제의 황후 위자부(衛子夫)가 위씨였기 때문에 위랑은
　　 '미녀'라는 뜻으로도 널리 쓰인다.
379) 娉婷(빙정) : 아름다운 자태. 미인.
380) 雲和(운화) : 금슬(琴瑟)이나 비파(琵琶) 같은 현악기의 총칭.

贈琵琶衛娘二首 其二

雙蛾宛轉381)玉搔382)斜, 錯落383)峯頭片片霞.
嬌態恐敎春蕣妬, 忍將一種似梨花.

비파를 타는 위씨 낭자에게 드리며 2수, 제2수

두 눈썹 둥그스름하고 옥비녀는 비스듬한데
들쑥날쑥 무성한 머리채 위에 조각조각 노을이 반짝이네
교태로운 자태는 봄꽃이 질투할 듯하니
차마 한 떨기 배꽃과 같구나!

【해제】 비파 타는 미녀에게 써준 시로 2수의 연작시이다. 마치 미인도를 보듯
미인의 모습이 생동하게 드러나 있다. 제 1수는 전체적인 모습을 알아볼 수 있도
록 묘사하였고, 제 2수는 눈썹, 머리모양 등 전반적인 얼굴묘사에 치중하였으며,
미인의 모습을 청초한 배꽃에 비겼다.

---

381) 宛轉(완전) : 완곡하다. 목소리가 감동적이다.
382) 玉搔(옥소) : 옥비녀.
383) 錯落(착락) : 분포나 배열이 불규칙하다. 들쑥날쑥하다.

題籬邊菊

微霜淸淺濕蒹葭，一夜西風燦野葩.
對酒踏歌花塢下，南山蒼色落儂家.

울타리 가의 국화를 노래하여

옅은 서리 살짝 내려 갈대는 촉촉하고
밤새 가을바람 불어와 들에 핀 꽃이 아름답네
꽃 핀 언덕 아래서 술 마시고 발 구르며 노래하니
앞산의 푸른빛이 내 집으로 떨어지누나!

【해제】 국화가 핀 가을의 정경과 쾌적한 심정을 묘사하였다.

蕪陰384)晚眺

高風落木破江流，吹亂江雲動客愁.
明月關山385)聞夜笛，鴈行西下洞庭秋.

무음에서 저녁 풍경 바라보며

거센 바람, 지는 낙엽에 강물은 일렁이고
바람에 흩어진 강위 구름에 나그네 근심 일어나네
밝은 달 비치는 관문에 들리는 밤 피리 소리
기러기 서쪽으로 내려가는 동정호의 가을!

【해제】 이 시는 시인이 무호(蕪湖)주변에서 살 때 쓴 것으로 보인다. 〈큰 강의
노래(大江行)〉시의 서문에 "무음의 서쪽, 장강의 왼쪽에 내 집이 있다(蕪陰之西,
大江之左, 予邸在焉)"고 하였다. 강물 주변의 풍경과 이를 보는 감상을 다루었다.

384) 蕪陰(무음) : 안휘성 동남부 무호시(蕪湖市)의 별칭.
385) 關山(관산) : 중원에서 서쪽으로 갈 때 반드시 거쳐야 하는 요로. 농산(隴山)이라고
    도 한다. 감숙성 천수시(天水市) 장가천회족자치현(張家川回族自治縣)에 있다. 이밖
    에 일반적인 관문과 산악, 혹은 고향이라는 뜻도 있다. 여기서는 일반적인 의미의
    관문과 산악으로 보았다.

金陵386)弔古二首 其一

秦淮387)流水日滔滔, 陌上靑驄388)絡繹389)驕.
寂歷390)故宮三十六, 板橋猶自夜聞簫.

금릉에서 옛일을 애도하며 2수, 제1수

진회하 흐르는 강물 날마다 도도히 흐르고
거리에는 날랜 청총마가 어지러이 달려가네
적막한 고궁의 수많은 전각들
판교에선 아직도 밤 피리소리 들리네

386) 金陵(금릉) : 지금의 남경.
387) 秦淮(진회) : 남경에서 제일 큰 강인 진회하(秦淮河).
388) 靑驄(청총) : 백락(伯樂)이 알아보았다는 명마 청총마(靑鬃馬).
389) 絡繹(낙역) : 끊임없이 왕래하다.
390) 寂歷(적력) : 고요하다.

金陵弔古二首 其二

離宮³⁹¹⁾烟樹草蕭蕭³⁹²⁾, 漢寢吳陵³⁹³⁾暗土膏³⁹⁴⁾.
夜靜隔林歌板³⁹⁵⁾徹, 戌樓微度海輪高.

금릉에서 옛일을 애도하며 2수, 제2수

이궁의 나무엔 안개 끼고 잡초는 시들었는데
한나라와 오나라 제왕의 무덤에는 흙이 검구나!
밤 고요해 수풀 너머 박판소리 그쳤는데
수루를 넘어서 달이 점점 높이 올라가네

【해제】 육조(六朝)시대의 도읍이었던 금릉에서 옛 일을 돌이켜보며 감회를 피력한 것으로 2수의 연작시이다. 제 1수는 진회하의 강물과 그 주위로 이어지는 명마의 행렬을 보며, 육조의 전각이 들어섰던 옛 모습을 상상하였다. 제 2수는 옛 이궁이 있었던 자리에 잡초만 가득한 가운데 달밤을 배경으로 역사적인 무상감을 그렸다.

391) 離宮(이궁) : 제왕이 행차할 때 거주하는 궁전.
392) 蕭蕭(소소) : 의성어. 적막하다. 처량하다.
393) 漢寢吳陵(한침오릉) : 한나라 황제의 무덤과 오나라 황제의 능묘. 여기서는 이전 시대 황제의 능묘를 포괄적으로 지칭하고 있다. 남송 초기 항전을 주장한 정치가 조원진(趙元鎭)의 <한식서사(寒食書事)>에 "한나라와 당나라 제왕의 무덤에 이미 제사 지내는 이 없다(漢寢唐陵無麥飯)"라는 구절이 있다.
394) 土膏(토고) : 토양에 함유된 자양분. 비옥한 토지. 아편.
395) 歌板(가판) : 악기의 일종인 박판(拍板). 노래 할 때 두드려 박자를 맞춘다.

將去金陵別東隣諸老母二首 其一

明月蘆花印水蘋, 朔風吹葉滿江濱.
不堪共指東歸水, 脉脉396)離情向爾陳.

금릉을 떠나며 동쪽 이웃의 여러 노모를 이별하여 2수, 제1수

갈대 꽃 피어난 강가, 밝은 달은 물가 마름에 비치고
북풍 불어와 낙엽이 강가에 가득하네
차마 함께 동으로 흐르는 물 가리키지 못하는 것은
끝없는 이별의 정을 그대 향해 풀어놓기 때문이네

396) 脉脉(맥맥) : 응시하다. 눈빛으로 내면의 감정을 드러내다.

將去金陵別東隣諸老母二首 其二

數年爲客悵羈棲[397], 今日花前暫解頤[398].
又向離駿頻怨別, 相逢更締一年期.

금릉을 떠나며 동쪽 이웃의 여러 노모를 이별하여 2수, 제2수

여러 해 나그네 되어 떠도는 삶이 처량한데
오늘 꽃 앞에서 잠시 크게 웃었네
또 떠나는 말을 향해 자주 이별을 원망하며
서로 만나는 일은 다시 일 년으로 기약했네

【해제】 금릉을 떠나며 주위의 친분이 있는 부인들에게 남긴 시로 연작시 2수로
되어있다. 제 1수에서는 이별의 정을 흐르는 물에 비긴 솜씨가 돋보인다. 차마
물을 가리킬 수 없다는 부정의 방식으로 물을 끌어들였으며, 감정에 호소하는
동사로 '풀어놓다(陳)'를 선택하여 굽이굽이 흐르는 물줄기를 동시에 형상화했
다. 제 2수는 이별을 앞두고 슬픔을 말하는 대신 함박웃음으로 처리하였는데,
시인의 깊이와 연륜이 느껴진다.

397) 羈棲(기서) : 타향에 살다.
398) 解頤(해이) : 입을 벌리고 웃다.

題瀟湘八景399) 其一

靑簾400)曳曳401)軟風翻, 夾岸春流曲幾灣.
解珮402)不須愁路遠, 醉看春日度空山.

소상팔경을 읊어 제1수

주렴의 깃발 한들한들 미풍에 펄럭이는 곳
기슭 사이로 흐르는 봄물은 몇 굽이런가!
관직을 떠나니 길이 멀다 근심할 필요가 없어
취해서 바라보네, 봄날의 해가 빈산 넘어가는 것을

399) 瀟湘八景(소상팔경) : 소수와 상수 일대에 펼쳐진 여덟 군데 아름다운 경치. 송(宋) 심괄(沈括)의 《몽계필담 · 서화(夢溪筆談 · 書畫)》에 자세히 기록되어 있다. 역대로 많은 문인들이 이에 대해 노래했다. 각각의 경관은 다음과 같다. 소상야우(瀟湘夜雨)-영주성(永州城) 동쪽, 평사낙안(平沙落雁)-형양시(衡陽市) 회안봉(回雁峰), 연사만종(烟寺晚鍾)-형산현(衡山縣) 성북의 청량사(淸凉寺), 산시청람(山市晴嵐)-상담(湘潭)과 장사(長沙) 경계의 소산(昭山), 강천모설(江天暮雪)-귤자주(橘子洲), 원포귀범(遠浦歸帆)-상음현성(湘陰縣城)의 강가, 동정추월(洞庭秋月)-동정호, 어촌석양(漁村夕照)-도원(桃源) 도화원(桃花源) 맞은 편 기슭의 백린주(白鱗洲).
400) 靑簾(청렴) : 주점의 문에 거는 깃발로 대부분 청색으로 만들었다.
401) 曳曳(예예) : 혼들거리는 모습. 느릿느릿한 모습.
402) 解珮(해패) : 장식을 풀어놓다. 관직을 그만두다.

題瀟湘八景 其二

碧岑香靄一泉分, 密傍鄰舟暮雨聞.
烟草凄其江色冷, 夜深若個⁴⁰³⁾勞湘君⁴⁰⁴⁾.

소상팔경을 읊어 제2수

향기로운 안개 낀 푸른 산이 한 줄기 샘물로 나뉘고
이웃 배와 가까이 붙어서 저녁 비오는 소릴 듣네
안개 자욱한 풀은 처량하고 강 빛은 싸늘한데
깊은 밤, 누가 상수의 신을 잠 못 들게 하는가?

403) 若個(약개) : 나개(哪個), 어느 것.
404) 湘君(상군) : 상수의 신.

題瀟湘八景 其三

香臺405)結翠倚山椒406), 萬樹靑松入紫霄407).
野寺寂寥僧飯罷, 鐘聲一點落寒潮.

소상팔경을 읊어 제3수

산초나무 옆 불전에 푸른 기운 서리고
수많은 푸른 소나무 하늘 높이 뻗었다
들판의 쓸쓸한 절, 스님은 공양을 마치고
뎅그렁 종소리 차가운 조수에 떨어진다

---

405) 香臺(향대) : 불전(佛殿). 향을 피우는 대.
406) 山椒(산초) : 산초나무, 열매는 약재로 씀.
407) 紫霄(자소) : 높은 하늘. 제왕의 거처.

題瀟湘八景 其四

滄浪碧月洞庭波, 一片晴光秋水多.
寂寞孤山木葉下, 寒潭何處動漁歌.

소상팔경을 읊어 제4수

푸른 물결, 푸르스름한 달, 동정호의 파도
한 조각 맑은 빛, 가을 물결 넘실댄다
적막하고 외로운 산에 나뭇잎 떨어지고
차가운 호수 어디서 어부의 노래 들려오나!

題瀟湘八景 其五

帶水湯湯408)漾蜀羅409), 亭亭紅樹410)隱輕莎.
雙帆望杳自天末, 落日低個411)影白波.

소상팔경을 읊어 제5수

흐르는 강물 넓고 넓어 촉나라 비단처럼 넘실거리고
붉게 물든 나무 우뚝 솟은 너머로 잔풀들이 숨어있네
하늘 끝으로 아득한 쌍 돛배 바라보이고
지는 해 머뭇머뭇 하얀 파도에 어린다

---

408) 湯湯(탕탕) : 물이 급하게 흐르다. 광대하다.
409) 蜀羅(촉라) : 촉금(蜀錦), 사천에서 제조한 비단으로 아름다운 무늬로 유명.
410) 紅樹(홍수) : 홍수(mangrove)는 중국의 해남도 및 동남아 일대에서 자란다고 하므
　　　로, 여기서의 홍수는 단풍이 든 나무를 의미한다.
411) 低個(저회) : 배회하다. 미련을 가지고 돌아보다.

題瀟湘八景 其六

一群鳴鴈墮寒沙, 黃葉溪頭間荻花.
憔悴美人明月夜, 幾回淸夢到天涯.

소상팔경을 읊어 제6수

울어대는 기러기 떼 차가운 모래밭에 내려앉고
계곡 머리 시든 잎 사이사이 갈대 꽃 피어있네
초췌한 미인은 밝은 달밤에
몇 번이나 꿈속에서 하늘 끝까지 갔던가?

題瀟湘八景　其七

漁簑搖曳倚斜暉, 日暮投竿冷釣磯[412].
遙望天空山翠疊, 鳴榔[413]西度綠烟微.

소상팔경을 읊어 제7수

도롱이 걸친 어부는 흔들흔들, 석양에 기대어
날 저물어 낚시 던지니 앉은 바위가 차갑네
멀리 바라보니 하늘 텅 비고 산은 푸르게 겹쳐 있는데
뱃전을 두드리는 소리 서쪽으로 넘어가고 푸른 안개 흐릿하다

412) 釣磯(조기) : 낚시할 때 앉는 바위.
413) 鳴榔(명랑) : 명랑(鳴根), 뱃전을 두들겨 소리를 내어 고기를 놀라게 하여 그물로
　　　잡거나 노래의 박자를 맞추다.

題瀟湘八景 其八

江村夜雪老蒹葭, 玉樹朝飛六出花[414].
誰謂林深絶車馬, 月明淸興剡溪槎[415].

소상팔경을 읊어 제8수

강마을 밤에 눈 내려 갈대가 시들어가고
옥 같은 나무에 아침이 되어 눈이 휘날리네
숲이 깊으면 왕래 끊어진다고 그 누가 말했나?
달 밝아 우아한 흥이 일면 배 타고 섬계로 가리라!

【해제】 소상팔경(瀟湘八景)의 그림을 노래한 시로 8수의 연작시로 구성되었다. 제1수는 어촌석조(漁村夕照)를 다루었으며, 관직을 벗어난 자유로운 심정과 석양의 아름다움을 그렸고, 제2수는 소상야우(瀟湘夜雨)로서 소상강의 밤비 소리를 잠 못 이루는 '상수의 신'을 통해 그렸다. 제 3수는 연사만종(烟寺晩鍾)으로 산사 주변의 풍광과 저녁 종소리를, 제 4수는 동정추월(洞庭秋月)로 드넓은 호수와 달빛 그리고 어부의 노랫소리를 그렸으며, 제5수는 원포귀범(遠浦歸帆)으로 드넓은 강물과 멀리 바라다 보이는 돛배의 모습을 묘사했다. 제6수는 평사낙안(平沙落雁)의 광경을 흉노의 땅에 시집간 왕소군 고사를 통해 보여주었고, 제 7수는 산시청람(山市晴嵐)으로, 푸른 산과 옅은 안개를 통해 일몰 직전 더욱 뚜렷해지는 광경을 포착하였다. 한편 제8수는 강천모설(江天暮雪)을 다루었는데, 옛 육조시대 왕휘지(王徽之)와 대규(戴逵)의 일화를 빌어 겨울밤 배를 타는 흥취를 표현하였다. 시마다 단순한 풍경으로 끝나지 않고 이야깃거리가 있는 인물을 집어넣어 다채롭고 정겨운 느낌을 주고 있다.

414) 六出花(육출화) : 눈을 지칭. 눈의 결정이 육각형과 유사하여 이렇게 불린다.
415) 剡溪槎(섬계사) : 섬계로 가는 배. 산음(山陰)에 사는 왕희지의 셋째 아들 왕휘지(王徽之)는 어느 겨울날에 눈이 날리자 섬계의 친구 대규(戴逵)를 만나려고 밤에 배를 타고 찾아갔다가 흥취가 다하여 만나지도 않고 다시 돌아왔다고 한다. 한 곳에 매이지 않는 예술가적 흥취를 이르는 말.

咏繪圖八景 其一

春山春草繡平沙, 寒樹參差傍酒家.
隱隱翠眉朱幀下, 夸粧不亞野棠花.

그림에 그려진 8경을 읊어 제1수

봄 산, 봄풀은 평평한 모래사장에 수를 놓고
차가운 나무 삐죽삐죽 술집 옆에 늘어섰네
붉은 장막 아래 은은한 미인의 모습
화려한 화장은 들의 해당화에 뒤지지 않는다네

咏繪圖八景　其二

雙倚蘭舟泊水濆 416)，琅玕 417)瑟瑟 418)濕溪雲.
若教夜半來飛雨 419)，莫向關山客枕聞.

그림에 그려진 8경을 읊어 제2수

작은 돛배 두 척 물가에 기대어 있고
바람 부는 대숲, 구름 자욱한 계곡
만약 한 밤중에 비를 흩날린다면
꿈속에 고향 가는 나그네에게 들리지 않게 하라!

416) 水濆(수분) : 물가.
417) 琅玕(낭간) : 옥과 비슷한 아름다운 돌. 구슬과 같은 열매가 달린다는 전설의 나무.
418) 瑟瑟(슬슬) : 의성어. 바람소리나 경미한 소리.
419) 飛雨(비우) : 흩날리는 비. 소나기.

咏繪圖八景　其三

朱寺岧嶢⁴²⁰⁾萬壑風, 淸溪石上挿孤松.
一肩行李去心急, 指道村前已度鐘.

그림에 그려진 8경을 읊어 제3수

붉은 색의 절 높이 솟고 골짜기마다 바람 부는데
맑은 계곡 바위 위에 외로운 소나무 꽂혀 있네
한 보따리 짊어지고 떠나는 마음 다급한데
가리키는 마을 앞에는 이미 종이 울리네

420) 岧嶢(초요) : 높이 솟다.

咏繪圖八景　其四

一群飛鴈下平湖，歷亂[421]西風散野蕪.
遠樹明沙秋色裡，音書寥落問征夫[422].

그림에 그려진 8경을 읊어 제4수

한 무리 날던 기러기 잔잔한 호수에 내려앉고
가을바람 마구 불어 들풀을 흩트리네
먼 곳의 나무, 환한 모래사장은 온통 가을인데
편지 드물어져 행인에게 물어보네

421) 歷亂(역란) : 어지럽다. 호드러지다.
422) 征夫(정부) : 행인.

咏繪圖八景　其五

珊珊[423]紅樹晩花開,　兩點春帆江上來.
盡日家山掩綃箔[424],　蒼烟萬徑濕芳苔.

그림에 그려진 8경을 읊어 제5수

영롱하게 붉은 나무 저녁에 꽃을 피우고
작은 봄 배 두 척 강위에 떠오네
종일 고향은 비단 주렴에 가려져 있고
온 길에 깔린 푸른 안개에 향긋한 방초가 촉촉하다

423) 珊珊(산산) : 옥이 부딪치는 소리. 비바람 소리.
424) 綃箔(초박) : 창에 드리우는 비단으로 만든 발.

咏繪圖八景 其六

百尺氷濤一望通, 亂山新翠簇芙蓉⁴²⁵⁾.
更將明月當空立, 浴淨銀丸⁴²⁶⁾萬景空.

그림에 그려진 8경을 읊어 제6수

백 척 높이 하얀 파도 한 눈에 들어오고
수많은 산 새로 푸르러 부용이 모여 있는 듯
이제 밝은 달이 허공에 떠오르면
달빛에 씻겨 만상이 깨끗해지리라!

---

425) 芙蓉(부용) : 부용꽃. 연꽃의 별명.
426) 銀丸(은환) : 은으로 만든 탄환. 여기서는 달을 가리킨다. 송 심괄(沈括)은 《몽계필
담 · 상수(夢溪筆談 · 象數)》에서 "달은 본래 빛을 내지 않는데, 은 탄환처럼 햇살
이 달을 비추면 바로 빛을 낼 뿐이다(月本無光, 猶銀丸, 日耀之乃光耳)."라고 하였
다.

咏繪圖八景　其七

脉脉垂綸坐釣磯, 綠簑搖曳挂斜暉.
一從客座驚宸夢427), 誰謂深村老布衣.

그림에 그려진 8경을 읊어 제7수

물끄러미 낚싯줄 드리우고 낚시바위에 앉아
푸른 도롱이 자락을 석양에 끌고 있네
떠돌이로 살고부터 장안의 꿈에 놀라니
누가 깊은 산골 늙은 포의라 했는가?

427) 宸夢(신몽) : 신(宸)은 깊숙한 방, 혹은 북극성이라는 뜻이 있다. 이밖에 천자가 계
신 곳, 혹은 천자의 대칭으로도 쓰인다. 이 시에서 '신몽'은 천자가 계신 장안의
꿈으로 보이며, 제 4구의 의미를 고려하면 수도로 다시 복귀하는 것, 즉 정치적으
로 중용되는 것을 의미하는 것으로 해석된다.

咏繪圖八景 其八

氣冷空山雪作花, 夜深乘輿泛溪沙.
前村縹緲白雲合, 放棹歸來月影斜.

그림에 그려진 8경을 읊어 제8수

날씨 차고 텅 빈 산에 눈은 꽃처럼 내리고
밤 깊어 흥이 일어 계곡에 배를 띄웠네
앞마을엔 아스라이 흰 구름 자욱하고
노 저어 돌아오니 달그림자 비스듬하네

【해제】 여덟 폭 그림을 시로 옮긴 것으로 8수의 연작시로 구성되었다. 앞의 '소상
팔경(瀟湘八景)'과 유사한 분위기이나 완전히 같지는 않다. 전체적으로 각 시의
전반부는 풍경묘사, 후반부는 그림 속에 나오는 인물을 묘사하였는데, 실제 인물
을 보는 듯 생동감을 전하고 있다. 제6수의 경우는 본래의 그림에는 없던 달을
끌어와 상상을 통해 더욱 아름다운 경치를 만들어내고 있으며, 제 7수는 그림
속 인물에 시인 자신의 심경을 투영하여 독자의 공감을 이끌어내고 있다.

班婕妤428) 二首 其一

嫋嫋429)西風下露枝, 漏深寒影入簾遲.
傷心舊事悲紈扇430), 不向空庭盻431)履綦432).

반첩여 2수, 제1수

한들한들 서풍 불어 가지에 이슬이 내리고
밤 깊어 찬 그림자 느릿느릿 주렴으로 들어오네
옛 일에 마음 아프고 비단 부채 같은 신세 서글퍼
텅 빈 뜰의 발자국 돌아보지 못하겠네

428) 班婕妤(반첩여, B.C. 48 - A.D. 2) : 한 성제(成帝)의 비(妃)이자 서한의 여류작가로
<원가행(怨歌行)>을 남겼다.
429) 嫋嫋(요요) : 연기가 휘감아 올라가다. 바람에 흔들리다.
430) 悲紈扇(비환선) : 비단 부채를 슬퍼하다. 반첩여가 <원가행(怨歌行)>을 지어 부채에
빗대어 신세를 슬퍼한 일.
431) 盻(혜) : 흘기다. 돌아보다.
432) 履綦(이기) : 발자취.

班婕妤 二首 其二

半道恩消謝輦餘, 搦殘銀管⁴³³⁾夜窓虛.
高情不問羊車⁴³⁴⁾路, 獨對寒燈自校書.

반첩여 2수, 제2수

중간에 은혜 끊겨 수레를 타지 못하고
음악소리 잦아들고 한 밤의 창이 텅 비었네
뜻이 높아 양거(羊車)의 길 묻지 않고
홀로 찬 등불 마주해 책을 교정하네

【해제】 한나라 반첩여의 행적을 노래한 시로 연작시 2수이다. 반첩여는 버려진
부채를 통해 버려진 여인을 노래한 〈원가행(怨歌行)〉의 작자로 알려져 있다. 제
1수는 반첩여의 입장이 되어 버려진 심사를 노래했으며, 제 2수는 버려진 신세에
연연해하지 않고 등불 아래 서책을 보는 반첩여의 모습을 상상을 통해 그려냈다.

433) 銀管(은관) : 은으로 장식한 붓. 관악기.
434) 羊車(양거) : 장식이 정교한 수레. 궁중용의 양이 끄는 작은 수레로, 진무제(晋武帝)
　　 는 양거를 타고 가다가 멈추는 곳으로 찾아들어갔으므로, 궁녀들은 양이 좋아하는
　　 소리와 음식으로 양거를 유인했다고 한다.

明妃435)詞二首　其一

風拂胡塵亂鬢鬟, 忍將玄鬢雪中斑.
旌旗亂繞陰山436)道, 報道單于437)罷獵還.

명비사 2수, 제1수

오랑캐 땅의 먼지는 바람에 날려 귀밑머리에 어지럽고
어쩔 수 없이 검은 머리 눈 속에 희게 얼룩졌네
깃발 요란하게 음산의 길을 에워싸니
선우가 사냥 끝나 돌아온다고 알리네

---

435) 明妃(명비) : 한 원제(元帝) 시절의 궁녀 왕소군(王昭君)으로 흉노에게 보내졌다.
436) 陰山(음산) : 내몽고자치구의 중부를 가로질러 하북성 서북부에 이르는 1,200km에
　　　달하는 산맥으로 황하유역의 북방 경계선이며, 계절풍의 분계선이자 고대 유목문
　　　화와 농경문화의 분계선. 한대에 북쪽 변방을 방어하는 천연의 방어선이었다. 당대
　　　시인 왕창령(王昌齡)의 <출새(出塞)>에 "다만 용성에 이장군이 있었다면, 오랑캐
　　　말이 음산을 넘어오지 못하리라(但使龍城飛將在, 不教胡馬度陰山)"라는 구절이 유
　　　명하다.
437) 單于(선우) : 흉노의 수령에 대한 칭호.

明妃詞二首 其二

漢曲琵琶馬上彈, 含啼緘怨度桑乾 [438].
獨憐瀚海 [439] 千秋月, 夜夜嬋娟 [440] 靑塚 [441] 寒.

명비사 2수, 제2수

한나라 노래를 비파로, 말 위에서 연주하며
울음 삼키고 원망 참으며 상건하를 건너갔네
유독 가련한 것은 사막에 영원히 뜨는 달이리니
밤마다 밝은 달이 푸른 무덤 차갑게 비추리라!

【해제】 흉노에게 시집간 왕소군의 사적을 노래한 것으로 연작시 2수로 되어 있다. 제1수는 처음 흉노의 땅에 도착한 왕소군의 당시 상황을 상상하며 썼다. 먼지, 바람, 흰 눈과 더불어 음산, 깃발, 사냥 등의 단어가 이국적인 정조를 드러내고 있다. 제 2수는 왕소군에 대한 애도의 뜻을 표현했다. 흉노와 중원의 넘을 수 없는 경계를 말위에서 타는 비파를 통해 상징적으로 제시하였고, 푸른 무덤과 달빛으로 애도의 뜻을 표하였다.

438) 桑乾(상건) : 상건하. 영정하(永定河)의 상류로 해하(海河)의 중요 지류이다. 하북성 서북부와 산서성의 북부에 위치하며, 오디가 익을 때 강물이 말라붙어 이러한 명칭이 붙었다고 한다.
439) 瀚海(한해) : 사막. 지명으로 호륜호(呼倫湖), 패이호(貝爾湖), 바이칼호 등의 여러 설이 있다.
440) 嬋娟(선연) : 명월. 미녀. 매우 아름답다.
441) 靑塚(청총) : 왕소군의 무덤. 풀이 시들지 않고 늘 푸르다고 한다.

서원의 생애와 시세계

1. 서원의 생애

　명나라 말기의 여성 시인 서원(徐媛, 1560-1619)은 시(詩), 사(詞), 곡(曲)을 비롯하여 문장에까지 두루 능했다. 시는 육경자(陸卿子)와 자주 작품을 주고받아 당시 오문이대가(吳門二大家)로 이름이 났다. 그녀의 산곡(散曲) 작품 중 대표작인 〈감회추서(感懷追逝)〉는 명청시대 여성 산곡가의 작품 가운데 새로운 지평을 연 작품으로 높이 평가 받고 있기도 하다. 서원의 생애는 크게 세 단계로 나누어 볼 수 있다.

　첫 번째 단계는 시인으로서의 소양을 닦아나가던 시기이다. 서원은 당시 소주(蘇州)지역 명망가의 규수로 부모의 보살핌을 받고 풍족한 생활을 했다. 현재 소주의 문화재로 지정된 유원(留園)이 서씨 집안의 동원(東園)이었다. 기록에 따르면 서원은 어려서 천성이 총명했지만 몸이 허약하여 아버지는 그녀가 과로하면 건강을 해칠까봐 그녀에게 글과 글씨를 가르치지 않으려 했다고 한다. 나이가 조금 들어 글을 배우기 시작했으나, 병으로 곧 학업에 열중하지는 못했다고 한다. 그녀가 시인으로서의 잠재된 소질을 키워나갈 수 있었던 것은 1574년 범윤림(范允臨, 1558-1641)과 결혼하면서였다. 남편은 부인의 재능을 인정했으며 당시 이들의 결혼은 많은 사람들이 흠모하는 동반자적 관계의 결합으로 일컬어졌다.

　두 번째 단계는 범윤림이 진사에 급제한 이후의 시기이다. 만력(萬曆) 23년(1595) 범윤림이 진사에 급제한 이후 서원은 홀로 집에 머물렀으며, 남편의 지지 하에 학문에 매진하며 특별히 시 창작에 힘썼다. 『시경(詩經)』과 『초사(楚辭)』로부터 아래로는 당대(唐代)의 시에 이르기까지 두루 공부하였으며, 마음속으로 당나라 말기 요절한 천재시인 이하(李賀)를 동경했다고 한다. 그녀는 또한 좋은 어머니, 아내로서의 역할에도 충실했다. 〈훈자(訓子)〉라는 글은 후대에 자녀교육을 위한 뛰어난 문장으로 각종 문집에 실렸다. 그녀는 여러 친척들에 대해 항상 현명한 부인의 어투로 훈계하고 이끌어주었으며 예의를 지켰다. 또한 남편과 이별할 때 많은 증별시를 썼는데, 이 시들에서 관직 때문에 먼 타향에 가 있는 남편에 대한 그리움을 표현했다. 남편 이외에도 그녀는 여러 친척, 지인들과 왕래하며 시를 서로 주고받았다. 그 가운데 육경자(陸卿子)와는 가장 가깝게 지냈으며 대량의 증답시가 남아있다. 육경자의 시 구절 "그대와는 스무 살부터 이름을 알아왔는데(與君二十即知名)〈범부인과 이별하며(別范夫人)〉"라는 표현으로 보아 두 사람은 젊은 시절에 알게 되어 이후 지속적으로 작품을 주고받았음을 알 수 있다.

그녀는 남편을 따라 소주 이외의 지역을 여행하거나 거주하게 되어 생활 경험이 풍부했으며, 이에 따라 시야가 넓어져 규방에만 갇혀 있던 여인들과 달리 더욱 풍부한 시적 소재와 창작의 영감을 얻게 되었다. 사촌동생 동사장(董斯張, 1587-1628)도 시집 『낙위음』의 서문인 〈서씨 누님 범부인의 시집 서문(徐姊范夫人詩序)〉에서 "우리 누님 범부인께서는 남편을 따라 사방을 주유하여 석성(石城, 지금의 남경)과 무음[(蕪陰, 지금의 안휘성 무호(蕪湖)]에까지 가셨다. 한밤중에 옛날을 애도하는 작품을 썼는데, 매서운 바람이 눈을 찔러도 목도한 경물을 시로 읊어 풍성하게 명작을 지었다. 그 후에 만 리 떨어진 운남 지역까지 갔으며 장강을 거슬러 사천과 귀주 일대까지 지나게 되었다(吾姊范夫人, 隨其夫子, 宦游四垂, 而石城而蕪陰, 弔古中宵, 酸風射眸, 觸景成咏, 鬱爲名作. 其後萬里入滇, 溯大江而道黔巫.)라고 찬탄한 바 있다.

서원이 운남까지 가게 된 것은 만력 31년(1603) 범윤림이 운남안찰첨사(雲南安察僉事)가 되어 남편을 따라 가게 된 것이다. 강남땅에서 운남으로 가는 험난한 길과 고된 여정은 서원의 창작 영감을 자극시켰다. 〈용담역을 지나며 짓다(過龍潭驛口號)〉, 〈귀양으로 가는 도중(貴陽道中)〉, 〈곡양루에 이르러 우연히 짓다(至曲陽樓偶成二首)〉 등이 이 시기 작품으로 보인다. 또한 그녀는 운남에서 소수민족과의 전쟁을 목도하게 되었는데, 이를 통해 시의 제재도 넓어졌으며 규방시인의 한계를 넘는 활달한 기개를 시에 품게 되었다.

서원 생애에서 마지막 단계는 49세 이후의 시기이다. 서원은 49세 되던 해인 만력 36년(1608년), 남의 비방 때문에 관직에서 물러난 남편 범윤림과 함께 고향에 돌아간다. 부부는 은거하여 천평산장을 짓고 살며 산수전원의 즐거움을 만끽하였다. 낙향한 뒤의 범윤림은 소주지역 문화계의 핵심인물로 명사들과 많은 교류를 하였다. 서원의 사촌 동생인 서열(徐洌)은 서원의 오랜 시 벗인 육경자(陸卿子)의 시집 『고반집(考槃集)』을 읽고 그 감상을 육경자의 남편 조환광(趙宦光, 1559-1625)에게 써 보낸 〈고반집을 읽고 조환광 어른께 드림(讀考槃集贈趙凡夫)〉이라는 제목의 시를 지은 바 있다. 이러한 상황을 볼 때 이 두 집안은 당시 여성 시인으로 이름이 높았던 서원과 육경자를 중심으로 좀 더 폭넓은 교류를 했음을 알 수 있다.

당시 소주 지역의 문사들은 범윤림의 천평산장에 모여 경관을 감상하는 한편, 예인(藝人)의 노래와 연극을 관람하고 술을 마시며 시를 짓는 일이 많았다. 천평산의 여주인으로서 서원 역시 그들과 교류하면서 법도에 매이지 않는 자유로운 분위기에 많은 영향을 받았을 것으로 보인다.

범윤림은 만력 41년(1613) 겨울, 그녀의 시문집을 위해 일종의 서문격인 〈낙위음소인(絡緯吟小引)〉을 썼다. 따라서 1613년 이전에 서원의 시문집이 이미 편집되었음을 알 수 있다. 서원은 만력 47년(1619년) 2월 병사하였다. 현존하는 범윤림의 문집 『수요관집(輸寥館集)』에 실린 작품을 통해서도 어느 정도 아내 서원의 존재를 확인할 수 있다.

2. 시세계

서원의 시는 여성시인에게 자주 보이는 무기력함, 기다림과 같은 정
서들이 두드러지지 않는다. 그녀는 때로는 서툰 언어로 자신이 발견한
사물의 비밀을 드러내고 있으며, 때로는 어디에도 구속되지 않는 자유
로움이나 성별마저 망각한 듯한 파격적인 언어를 사용하고 있어 독자
로 하여금 전통시기 여성에 대한 편견을 깨도록 만든다. 즉 명대에 비
록 소수이지만 여성으로서 이미 어느 정도 남성과 대등한 관계에서 사
고하고 발언하는 것이 가능했다는 사실을 우리는 그녀의 시에서 발견
하게 된다.

본서의 역주 대상인 칠언절구를 언급하기 이전에 『낙위음(絡緯吟)』
의 전체의 구성과 시의 전반적인 특징에 대해 먼저 살펴보면 다음과
같다.

권수	작품 종류	작품 총수
1	부(賦), 초사(楚辭), 사언시(四言詩)	부 2편, 초사 4편, 사언시 2수
2	오언고시(五言古詩)	16수
3	칠언고시(七言古詩)	47수
4	오언율시(五言律詩)	53수
5	오언배율(五言排律)	13수
6	칠언율시(七言律詩)	31수
7	오언절구(五言絶句)	40수
8	칠언절구(七言絶句)	285수
9	시여(詩餘)	4수
10	사여(詞餘)	40수
11	서(序)·전(傳)·송(頌)·뢰(誄)·도사(悼詞)·축문(祝文)·제문(祭文)	서 1편·전 1편·송 7편·뢰 1편·도사 1편·축문 1편·제문 2편
12	척독(尺牘)	10편

서원의 시에서 가장 두드러진 첫 번째 특색은 우선 여성 지인 및 친
척들과 활발한 교류가 있었다는 점이다. 그 중에서도 대표적 인물은
그녀와 비슷한 시기에 많은 시를 지었던 육경자(陸卿子)를 들 수 있
다. 서원은 소주 명망가의 딸로서 결혼 이후에도 친정의 남동생을 비

롯한 친정 쪽의 인사들과 시를 통해 지속적으로 관계를 유지했다. 이 밖에 남편을 통해 알게 된 기녀들도 상당수 발견할 수 있다. 이러한 인물들과 시를 주고받은 데서 서원이 매우 자유롭고 파격적이었음을 알 수 있다.

두 번째 특색은 시의 표면이 매우 화려하고 감각적인데 비해, 정작 그녀의 심리 상태를 알 수 있는 직접적인 표현을 자제하고 있다는 점이다. 이 때문에 시를 읽으면 장편과 단편을 막론하고 마치 연극을 보는 듯한 느낌을 받게 된다. 이는 아마도 그녀가 시 이외에 산곡에도 성취가 있었고 희곡을 좋아했던 남편의 영향으로 집안에서 늘 이를 접할 수 있어 자연스럽게 시에 연극적 요소가 가미된 것으로도 볼 수 있다. 그러나 한편으로 필자는 이것이 이제 막 수면위로 떠오른 여성 문인들이 남성 위주의 창작 공간에서 자신의 목소리를 내게 될 때 직면할 수밖에 없었던 일종의 곤경을 보여주는 것이라 생각한다. 일찍이 Dorothy Ko(高彦頤)는 서원 시의 특성을 "여성의 덕행을 제창하는 한편, 한계를 넘어 기녀와 어울렸던, 양극단을 오가는 모순의 긴장"이라고 표현했다.442) 외형적으로 자유로웠지만 한편으로 그녀는 여성이라는 성별이 당시 문화에서 남성에게 종속적일 수밖에 없음을 분명히 인식하고 있었다. 게다가 동시대 여성들 가운데 많은 사람들이 글을 쓰면서도 이것이 밖으로 알려질까 두려워하여 책의 이름을 '마땅히 불태워버렸어야 하나 아직 태우지 못한 원고'라는 의미에서 '미분고(未焚稿)'라고 짓는 경우가 많았다. 이러한 사정을 아마도 서원은 충분히 인식하고 있었던 듯하다. 따라서 우리가 오직 그녀의 거칠 것 없는 표현과 활달한 기상, 고금을 아우르는 역사감과 공간적 스케일만 보고, 내면에 여성으로서 가질 수밖에 없었던 우수와 번민이 없었다고 간주해서는 안 될 것이다.

다음으로 본서의 역주 대상인 칠언절구에 나타나는 형식과 내용상 특징에 대해 언급하면 다음과 같다.

---

442) Dorothy Ko, 『Teachers of the Inner Chambers-Women and Culture in Seventeenth-Century China』
Stanford University Press, 1994.

첫째, 다양한 각도에서 외형적 아름다움을 추구하였다. 서원의 칠언 절구에서 가장 먼저 발견하게 되는 것은 수사적인 표현기교에서 아름다움을 추구한 점이다. 명말이라는 시대는 양명학(陽明學)에서 보여주듯이 전통의 인습에 매이지 않고 자유롭게 아름다움을 향유할 것을 추구했다. 시에서 그녀는 화려한 놀잇배와 대보름 밤을 밝히는 등불은 물론 연회에 참석한 기녀들의 미모에 대해서도 아낌없이 찬탄했다. 이러한 연장선상에서 친척과 벗에게 주는 글에도 항상 '아름다운'이라는 수식어가 따라다녔다.

둘째, 사물을 보는 감각적이고 신선한 태도와 시적 상상력에 주목할 만하다. 서원은 새로 피어난 꽃을 찬탄함은 물론, 때로는 빗길에 떠다니는 수초 더미를 보고 신화적 상상력을 발휘하여 은하수에 닿았다던 전설속의 뗏목이 아닌가 의심하였고, 혹은 봄날 푸른 수면 위에 새로 돋은 연잎들을 보며 지난밤 놀잇배에서 아가씨들이 흘린 머리 장식이 아닌가 상상하기도 했다. 이러한 자유로운 상상에는 여성 시인 특유의 근심과 한숨, 금기의 위반에 대한 걱정과 자기부정 등의 요소가 보이지 않아 지금의 독자들이 읽어도 신선하고 친근감을 느끼게 된다.

셋째, 당시 여성으로서는 보기 드문 뛰어난 공간 감각이다. 명대 말기 상업과 출판이 활성화된 소주의 교육받은 여성으로서 서원은 당시 사대부들의 다양한 취미 생활에 동참할 수 있었다. 희곡 공연의 관람, 뱃놀이, 대보름의 등불 축제 등에 참여하면서 평소에 자주 바깥 공간을 체험할 수 있었으며, 무엇보다도 남편을 따라 멀리 운남까지 갔던 경험은 그녀의 공간감각을 극대화시키게 되었다. 광활한 변방의 풍광을 바라보면서 시를 통해 과거의 역사에 대한 회고 속에서 오늘의 의미를 질문하였으며, 끊임없는 이동 중에 시를 창작함으로써 집 안에서 떠난 이를 기다리는 전통적 여인이 아닌, '길 위의 여인'이라는 낯설고도 친근한 이미지를 창출할 수 있었다.

넷째, 특정 여성을 제재로 하되 거기서 멈추지 않고 보편적인 여성, 혹은 여성성으로 인식을 확장시켰다. 집안 대소사와 지역의 축제에 참여하고 남편을 따라 멀리 운남까지 갔던 경험은 단순한 공간감각을 넘어서 여성으로서 자신을 돌아보게 만들었다. 많은 시들이 표피적이고 감각적인 아름다움을 묘사하는데 그치고 있어 진솔한 자신의 내면을 보여주는 예가 많지는 않지만 반첩여(班婕妤), 손부인(孫夫人), 왕소군(王昭君) 등을 시에서 다루면서 그들로부터 여성성을 읽어내고 있어, 일반 남성 문인들과는 다른 시각을 보여주고 있다. 이를 통해 우리는 서원이 단순한 습작 시인이 아니었고 진지하게 자신과 세계에 대해 고민했던 시인이었음을 알 수 있다.

마지막으로 서원의 칠언절구를 풍격 면에서 분석해보면 가장 두드러지는 특성은 기려(綺麗), 기환(奇幻), 호방(豪放)이라는 세 가지로 요약된다.

기려한 풍격은 첫째로 백(白) · 청(靑) · 홍(紅) 등의 색채를 직접 표현한 점, 둘째로 나아가 강렬한 색채를 지닌 이미지를 적극 활용한 점, 셋째로 청각적 효과를 추구한 점, 넷째로 미인의 용모와 자태를 직접 묘사한 점에서 찾아볼 수 있다.

한편 기환한 풍격은 첫째로 신화 전설에서 기이한 이미지를 운용하였고, 둘째로 상상으로 밖에 도달할 수 없는 공간을 창조하였으며, 셋째로 역사상의 여성인물에 대해 일반 남성 시인과는 다른 관점을 보여준 점에서 이루어졌다고 생각된다.

마지막으로 호방한 풍격은 첫째로 기려(羈旅)와 변새(邊塞)를 제재로 하는 시를 대량으로 창작하였고, 둘째로 호협(豪俠)한 기개를 지닌 여성들을 묘사하였으며, 셋째로 남성 시인들의 전유물이었던 고향 떠난 나그네의 시를 다수 지었던 점, 넷째로 광대하고 요원한 공간을 묘사하고 그 속에 호방한 흉금을 담았던 데서 만들어진 것으로 보인다.

明代女性作家叢書❹徐媛詩選　一

· ·

서원시선 1

지은이 ‖ 서원
옮긴이 ‖ 김의정 최일의
펴낸이 ‖ 이충렬
펴낸곳 ‖ 사람들

초판인쇄 2013. 11. 10 ‖ 초판발행 2013. 11. 15 ‖ 출판등록 제395-2006-00063 ‖ 주소 경기도 고양시 덕양구 화정동 902-5 찬우물빌딩 303호 ‖ 대표전화 031. 969. 5120 ‖ 팩시밀리 031. 969. 5305 ‖ e-mail. minbook2000@hanmail.net

ISBN 978-89-963888-6-9 93820